U0947091

智能传播

生活与治理篇

2022年
第四辑

主　编◎李本乾　李晓静　禹卫华

上海交通大學出版社
SHANGHAI JIAO TONG UNIVERSITY PRESS

内容提要

本书聚焦智能传播领域的生活与治理问题。人工智能是否推动了社会生活向好发展？是否有效提升了社会治理的效果？本辑收录的论文，一部分关注人工智能如何影响社会生活，包括环境传播、拟人互动、乡土联结、流行歌曲、奇异文化等；另一部分关注人工智能如何影响社会治理，包括政务媒体、极端天气、虚假信息、公共卫生等领域，为相关研究者在该领域的研究提供了新思路。

本书可供新闻传播学及相关学科研究者参考。

图书在版编目(CIP)数据

智能传播. 生活与治理篇/李本乾，李晓静，禹卫华主编. —上海：上海交通大学出版社，2023. 3
ISBN 978-7-313-27939-2

Ⅰ. ①智… Ⅱ. ①李…②李…③禹… Ⅲ. ①传播媒介—研究 Ⅳ. ①G206. 2

中国版本图书馆CIP数据核字(2022)第225862号

智能传播(生活与治理篇)
ZHINENG CHUANBO (SHENGHUO YU ZHILI PIAN)

主　　编：李本乾　李晓静　禹卫华
出版发行：上海交通大学出版社　　地　　址：上海市番禺路951号
邮政编码：200030　　电　　话：021-64071208
印　　制：上海万卷印刷股份有限公司　　经　　销：全国新华书店
开　　本：787mm×1092mm　1/16　　印　　张：7.5
字　　数：159千字
版　　次：2023年3月第1版　　印　　次：2023年3月第1次印刷
书　　号：ISBN 978-7-313-27939-2
定　　价：48.00元

卷 首 语

本书聚焦智能传播领域的生活与治理问题。人工智能是否推动了社会生活向好发展？是否有效提升了社会治理的效果？本辑收录的论文，一部分关注人工智能如何影响社会生活，包括环境传播、拟人互动、乡土联结、流行歌曲、奇异文化等；另一部分关注人工智能如何影响社会治理，包括政务媒体、极端天气、虚假信息、公共卫生等领域，为相关研究者在该领域的研究提供了新思路。本书可供新闻传播学及相关学科研究者参考。

王茜、孟志杰、张璐合作的《热搜代表民意？大众媒体对微博热搜的合法性建构与演变》一文，基于民意基础设施模型，对微博公开材料进行文本分析，探究大众媒体如何看待和阐释热搜，在热搜的合法性建构中扮演了何种角色。

陈积银、李月、聂汉林合作的《极端环境下智慧城市信息传播与社会治理研究》一文，对2021年Z市暴雨灾害进行案例分析，探究在暴雨灾害下信息传播的特征和问题，提出相应对策，助力极端环境下智慧城市的信息传播和治理。

包国强、宋钦章合作的《民营网络平台企业社会责任：现状、影响因素与推进机制》一文，运用扎根理论方法归纳出网络平台企业社会责任的影响因素并提出相应的推进机制，以期对规范网络平台社会责任履行。

向安玲、沈阳、周亦桥合作的《虚假信息话语框架与情绪互动研究》一文，从议题—框架—结构—效果四维联动视角出发，对929条虚假信息和30 264条受众反馈进行大数据挖掘与多维编码，探索虚假信息核心议题和典型的受众情绪反馈特征。

刘凯和陈海章合作的《“去迷信”化传播机制研究：跨媒介叙事下的日本妖怪文化》一文，通过对日本妖怪文化的回溯与分析，探讨了作为一种“迷信”的日本妖怪文化在全球文化输出中的“去迷信”化过程与传播机制。

崔洁、童清艳合作的《我国政府社交媒体的互嵌式情感传播策略》一文，新冠疫情以来我国政府发布的vlog进行内容分析，引入“情感治理”“原型”理论与“互嵌”理论，研究政府如何借助社交媒体对国族创伤中的民众进行情感治理。

张文婷的《嵌入与脱嵌：媒介互动视阈下婚恋微信群用户的身份建构研究》一文，聚焦婚恋微信群中用户自身的操演性身份，将那些指向现实个体境况和真实交友动机的“深后台”隐藏于群聊的媒介互动。

金慧芳、别君华合作的《突发公共事件的媒介化治理创新与风险规制》一文，分析了健康码应用在技术层面引发的数据安全问题，主体层面形成政企合作关系的平衡问题，社会层面考虑技术追踪问题以及相应的风险规制策略。

杨添艺、朱格、吴舫合作的《危机传播中数字平台网络结构特征对比研究》一文,使用社会网络分析方法,分析H省暴雨事件中社交媒体平台和社会化问答平台的网络结构特征,把握数字平台的危机信息传播特征,助力应对突发危机。

我们希望借由本书的出版,讨论新问题,关注新现象,启发新思考,期盼与各位读者一道,解读智能传播技术的发展及其社会意义,共同思考并创造新背景下新闻传播学及社会科学研究的美好未来。

目　　录

热搜代表民意？
大众媒体对微博热搜的合法性建构与演变

王　茜[①]　孟志杰[②]　张　璐[③]

【摘　要】 在度量社会，微博热搜日益成为民意的合法来源。热搜是如何定义与测量民意的？大众媒体如何看待和阐释热搜，尤其是在热搜的合法性建构中扮演了什么样的角色？基于民意基础设施模型，本文对微博公开材料的文本分析发现，热搜糅合了“分散个体的意见聚合”和“公众之间的互动和交流”，且以2018年为界，日益从私下走向公开、从个体走向关系、从自动走向调控。对十家大众媒体1133篇微信公众号推文的内容分析发现，大众媒体愈发认可和助推了热搜的合法性，最常使用“冲上热搜”“热搜第一”作为评估公众反映的基准。质疑和反思类推文仅占4.9%，且逐年减少，热点算法被视为可信的“权威原则”和“知识逻辑”。

【关键词】 民意调查报道；热点算法；度量社会；计算公众；合法性话语

“除了统计选票数以外，如何探明多数人的意愿？……按周按月地考量或者是测量民意的机器尚未发明出来，也不可能被制造出来；然而，对统治者来说，也许会有一个倾向，要连续不断地寻找当前大众意见的表现，并且按照对这些表现的解读来形成他们自己的做法[1]。”

英国学者詹姆斯·布赖斯(James Bryce)在一百多年前写下这段话时，大概没有预料到后人真的发明出了“民意测量机器”，不仅可以“按周按月”地运转，还能够实时更新。在度量社会，民意测量机器最直接的体现，就是内嵌于大多数数字平台的热门榜单功能：微博、百度、电商平台的热搜榜，音视频平台的热播榜、“学习强国”的强国热搜、豆瓣电影/音乐/图书/的近期热门榜单和年度榜单……这些榜单可以实时更新、反映和监测大众的注意力和意见。

在上述热门榜单中，微博热搜的社会影响力最为广泛。根据“微博热搜榜”[2]发布的年

---

① 郑州大学新闻与传播学院副教授。
② 郑州大学新闻与传播学院硕士研究生。
③ 郑州大学新闻与传播学院硕士研究生。

度报告,用户每日主动搜索 2.5 亿次,引导 1.35 亿次搜索热度,每人日均搜索超过 12 次。热搜成为公众判断某个事件、现象、人物被关注程度的重要依据[3],成为公众舆论注意力的重要载体与依托[4]。

以往,大众媒体主要通过民意调查报道来反映民意。例如,我国首个全国性民意调查报道专版——《中国青年报》的《青年调查》专版,它的口号就是"这里报道民意"。现如今,记者日益通过社交媒体来反映和代表民意[5-6]。在中国语境下,热搜成为网民关注度高的代名词,其背后的热点算法(trending algorithms)——"使用一系列指标来识别那些在特定时间内、在特定的用户群中产生最多热度的内容或话题"[7]——也被视为可信的"权威原则"[8]和"知识逻辑"[9]。笔者在日常浏览大众媒体的新闻报道时,似乎愈发频繁地看到《"电话发我。"深圳卫健委又上热搜了!》等新闻。大众媒体是否接纳和认可了热搜代表民意的合法性?

美国政治学家苏珊·赫布斯特(Susan Herbst)提出的民意基础设施模型是本文主要借鉴的理论框架。该模型描绘了不同历史时期的民意定义、测量和传播方式,包括三个"M"要素:含义(meanings),即什么是民意;测量(measures),合适的测量工具和方法;媒体(media),即媒体对所测量民意的传播[10]。该模型强调了民意的内嵌性(embeddedness),有助于我们理解民意含义的历时性变化,尤其是其与民意测量工具和技巧、媒体之间的密切联系。结合该模型提供的理论视角,本文试图探讨以下问题。

研究问题 1:热搜作为新兴的民意基础设施,是如何定义和测量民意的?相较于以往的民意调查报道,具有什么新特点?

研究问题 2:大众媒体如何传播热点算法生成的量化民意?在热搜的合法性建构中扮演了什么角色?又经历了怎样的历时性演变?

一、文献回顾与核心概念

1. 民意基础设施

民意(public opinion),又称舆论,基本上指大多数人共同持有的态度或信念[11]。如前文所述,赫布斯特提出用民意基础设施模型来描绘不同历史时期的民意定义、测量与传播方式。赫布斯特举例,哈贝马斯所描述的 18 世纪欧洲沙龙公共领域,其民意基础设施模型可以描述为:①在含义方面,民意是精英和公众对感兴趣的话题的批判性交谈;②在测量方面,通过倾听和参与对话来辨别民意;③在媒体方面,民意通过媒体和公众成员间的人际交往传播。而民意调查模型则可以描述为:①民意是个体意见的聚合;②民意通过问卷调查来测量;③民意通过大众媒体传播[10]。

如今,社交媒体成为新兴的民意基础设施,其定义、测量和传播民意的方式也发生了显著变化。在《社交媒体作为民意:记者如何使用社交媒体代表民意》一文中,香农·麦格雷戈(Shannon McGregor)详细阐释了两种代表民意方式的异同:通过调查来推测的民意是私下的(private)、个体的(individual)、有代表性的(representative)、可测量的(measurable);

而通过社交媒体来推测的民意则是公开的（public）、有关的（relational）、分层级的（hierarchical）、可测量的[6]。

学者指出，尽管民调人士批评社交媒体的样本缺乏代表性，且存在数据污染问题（如社交机器人的使用），然而社交媒体扩展了民意的含义，尤其纳入了社交维度。社交媒体分析的优势在于：①数据生成未受到干预；②能够对民意进行动态追踪甚至实时回应；③强调互动、参与和对话，而不是单个个体意见的聚合[12]。

以往对民意调查的主要批评就是，个体并不是原子化的、相互隔绝的，而是在社会互动中形成意见。民意调查也没有考虑到社会分层级的本质，如精英在意见形成过程中所扮演的作用[13-14]。从这个意义上讲，社交媒体作为民意基础设施，似乎更加符合经典的民主参与观念。

那么，在中国语境下，我们如何理解和描绘热搜所代表的民意基础设施呢？热搜是如何定义和测量民意的，更偏向于"分散个体的意见聚合"，还是"公众间的连接、讨论与交流"？其生成的结果又是如何被大众媒体二次传播的？笔者认为，微博热搜不仅具有社交媒体的共性特征，还具有不同于推特等西方平台的独特性和差异性；此外，民意基础设施模型也有助于我们洞察热搜因时而变的趋势，这正是研究问题1要探讨的内容。

2. 算法的合法性建构

过去30年间，人类日益将文化工作——"对人、地、物及思想所进行的排序、分类和等级划分"——委托给计算过程。人类不再是文化的独家生产者（producers）、仲裁者（arbiters）、策展者（curators）或阐释者（interpreters），这一转变极大地改变了长期以来文化范畴得以被实践、经验与理解的方式，催生了算法文化[8]。在这样的背景下，新闻业开始关注以数据化形态出现的集体注意力（如推特热点话题、转评赞的数量），越来越多地报道那些据称引发了广泛公众关注的议题，公众反映（public response）成为新的新闻价值要素[15]。有学者提出数据化时代公众形塑（public formation）研究的四个切入点，其中，第一个切入点是研究数据基础设置（如数据库结构、数据分析、服务器）和新闻媒体的互动，如量化逻辑（quantifying logics）如何被纳入新闻媒体的新闻分发基础设置之中。

在中国语境下，微博热搜作为一种量化逻辑的产物，日益成为占据主导地位的舆论载体，其背后的热点算法也被视为可信的"权威原则"和"知识逻辑"。特德·斯特瑞佛斯（Ted Striphas）指出，在当今世界，算法日益成为"权威原则"，被委派驱除无序状态（anarchy）的任务[8]。在这个意义上，算法承担了"重组社会"的任务："使用一系列分析工具在庞大杂乱的语料库中发现统计关联，只有通过这种关联才能将迥然不同的、分散的人联合起来。"

与此同时，热点算法也被视为一种合法的知识逻辑，这种知识逻辑"建立在有关什么是知识，以及如何确定最相关组成部分的特定假设上"[9]。塔利顿·吉莱斯皮（Tarleton Gillespie）以词条"＃occupywallstreet"（占领华尔街）未登上推特热点话题为例，展现了这种知识逻辑所具有的不证自明（self-affirming）的特点[16]。根据吉莱斯皮的分析，该词条未上榜的原因可能有：

（1）它正遭到刻意审查；

(2) 它实际上没有人们以为的那样流行;

(3) 它非常流行但一贯如此,不是突然剧增;

(4) 它既流行也在剧增,但不是以算法设计所能测量的方式;

(5) 它既流行也在剧增,但还赶不上一些把它挤出榜单的流行文化现象;

(6) 它既流行也重要,但不如通过战略博弈挤进榜单的流行文化那么流行;

(7) 它没能成为热搜就是因为没有成为热点,因而无法享受热点所提供的放大效应。

尽管学术界、媒体人士、普通用户时常质疑热搜的真实性和有效性,但不可否认的是,热搜背后的热点算法在民意监测和政治话语中承担了日益重要的分量。就像在美国,尽管选民、政党、新闻业对民调结果有诸多质疑,仍然密切关注民调数字一样。赫布斯特指出,表达和测量民意的量化技巧之所以引人注目,是因为这种技巧具有客观性与貌似确定性的性质,“数字化的数据资料往往传播出权威性”。而算法的权力不仅体现在它所发挥的具体功能,还体现在算法这一概念本身所具有的“计算客观性”[17]和“机械中立性”[9]的光环。

迈克·阿纳尼(Mike Ananny)指出,“算法被看作是与社会、技术相关的一种话语和知识文化,这涉及在算法结构中,信息如何生产出来、如何浮现在我们面前,以及我们如何来理解这些信息,这些信息是如何被看作是合法的,又是如何被赋予公共意义的[18]。”马特·卡尔森(Matt Carlson)继而强调,与现存的知识结构相比,算法也会利用正当化的修辞,来合法化它们的知识结构[19]。他建议,未来研究应关注算法判断的合法性话语(discursive legitimization)是如何建构的。

国内有关算法合法性话语的研究主要聚焦于个性化资讯推荐平台,发现官方媒体对算法持批判性态度[20-21],然而对于集体化热点算法则缺少关注。为了弥补不足,本研究试图探究集体化热点算法的合法性话语建构过程,尤其是大众媒体在其中所扮演的角色。对这一问题的探索有助于补充、拓展乃至修正已有的研究结论。

二、研究设计

1. 研究对象

本文选取微博热搜作为研究对象,原因在于微博是中国最重要的互联网公共表达平台之一,而热搜发挥着重要的民意聚合、反映和监测作用。热搜被国家列为监管的重点环节,据 2022 年 3 月 1 日起施行的《互联网信息服务算法推荐管理规定》,不得利用算法“操纵榜单或者检索结果排序、控制热搜或者精选等干预信息呈现”。微博也曾“为了澄清‘花钱撤热搜’‘花钱压热搜’等不实传言”,公开热搜上榜规则与计算公式[22]。值得一提的是,当我们说热搜受到了“操纵”“控制”“干预”或“撤/压”时,实际上变相承认了它作为民意测量机器的合法性,这让热搜成为很具代表性的研究对象。

2. 研究方法

1) 对微博公开材料的文本分析

为了回答研究问题 1,笔者搜集了微博发布的年度报告、新闻稿,以及“微博热搜榜”“微博搜索”“微博管理员”“微博客服”“微博小秘书”等官方账号发布的公开声明，从中找出与“热搜”“规则”“计算公式”等相关的内容。基于对上述材料的文本分析，并结合已有研究成果[23]，笔者梳理了热搜上榜规则和计算方式的主要更迭，并据此分析热搜相较于传统的民意调查报道及其他社交平台所具有的特点。

2）对大众媒体热搜报道的内容分析

为了回答研究问题2，本文选取了《人民日报》《新京报》《环球时报》《光明日报》《南方日报》、新华社、澎湃新闻、央视新闻、央视网、中国新闻网等十家权威媒体的微信公众号相关推文作为分析对象。笔者以“热搜”为关键词，分别在十家媒体的微信公众号进行检索，发现最早能够检索到的文章发表于2018年。我们最终选取了2018年1月1日—2022年5月31日正文中包含“热搜”的全部推文，最终得到有效样本1133篇。

在深入阅读样本的基础上，结合研究目的和需要，本文将大众媒体看待微博热搜的态度分为三种类型：①认可/接纳，这类推文将热搜视为网民关注度高的代名词，将热搜上榜话题作为新闻选题来源。②质疑/批评，这类推文质疑热搜的真实性或有效性，批评热搜乱象带来的负面社会影响。③中性，客观陈述正反面意见，或仅仅报道事实本身，没有表现出倾向性。

编码由一名传播学副教授和一名新闻学专业研究生共同完成。在正式编码前，两位编码员抽出样本数量的10%进行了前测，信度较为理想。随后各自对1133个样本进行独立编码。研究使用Cohen’s kappa评估编码员间信度，kappa值0.879，符合内容分析的信度要求。对于编码不一致的样本，编码员先各自检查编码表，修正错误，随后讨论仍存在编码不一致的样本情况，直至对编码结果达成共识。本研究采用SPSS for Windows 22.0进行统计数据的分析，采用Python对样本标题进行词频分析。

三、研究发现

1. 热搜定义与测量民意的方式

通过对微博公开材料的文本分析，笔者发现热搜作为民意基础设施，不仅具有社交媒体的共性特征（如样本非随机、数据不受干预），还具有不同于推特等西方平台的独特一面。社交媒体定义和测量民意的方式并非铁板一块、一成不变，有必要引入历时性视角来考察其动态发展过程。

参照前人的研究成果[12,6]，结合文本分析材料，本文提炼出了热搜定义与测量民意的三个动态变化，分别是：从个体走向关系、从私下走向公开、从自动走向调控。

1）从个体走向关系

我们发现，2018年3月15日是一个重要的分界点，热搜的上榜规则从单一考量“搜索热度”转变为“（搜索热度＋讨论热度＋传播热度）×互动因子”的多重考量[24]。根据微博热搜的官方介绍，“搜索热度指搜索量，是基于搜索行为建立的热度模型，反映用户对热点的关注和探索程度；讨论热度指讨论量，是基于原创和转发的发博行为建立的热度模型，反映用户热议和参与的热情;传播热度指阅读量,是基于热搜结果的关联微博在全站的阅读量建立的热度模型,反映热点在微博体系内的传播情况;互动因子指用户在热搜结果页下转评赞等行为的互动比率,归因到[1,1.2]区间,反映用户消费内容的意愿"。

这标志着一场重要的却几乎悄无声息的变革:热搜从表面上看仍然是原来的排行榜,然而其对民意的定义与测量方式发生了根本改变:从"原子化个体的搜索痕迹聚合"走向"处于社交网络中的人际交互"。前者是孤立的、彼此隔绝的、平等的,后者则是联结的、交互的、分层级的。

2)从私下走向公开

2018年之前,热搜计算的搜索量是人们私下的意见表达,它类似于民意调查是对个体意见的聚合,"是针对彼此没有联系的个人、秘密地同时又科学地完成的"。不同之处在于民意调查采集到的是被访者的自我报告(self-report),而热搜对用户搜索痕迹的聚合则具有非干预(noninterventionism)的特点。此外,热搜对民意的测量不是随机的、有代表性的,而是遵循多数主义,且主要反映了青年群体的意见。根据微博发布的《2021上半年微博热搜榜趋势报告》,热搜用户中19~29岁用户占76%,40岁以上用户仅占2%。

随着热搜上榜规则的改变,其定义与测量民意方式也走向公开。计算公式"(搜索热度+讨论热度+传播热度)×互动因子"中的搜索热度和传播热度具有私下的特点,用户的搜索与阅读行为在"后台"进行,且具有匿名性;而讨论热度和互动因子则具有公开表达的特点,用户在讨论、转发、点赞或评论时往往带有"前台"表演的成分。例如,用户点赞的内容会以"某人某月某日赞过的微博"的形式显示在个人微博主页上。

3)从自动走向调控

2018年,首次整改后的热搜上线了"新时代"版块,且宣布放弃纯粹的算法模式,引入编辑人工干预模式[25]。2021年上半年,热搜将"减少娱乐占比"作为平台的主要调控目标,设置正能量推荐位,加大对正向内容宣传力度[22]。2022年1月,微博宣布将优化热搜榜单内容配比机制,并基于热搜生态和价值导向加强人工调控。具体举措包括突出媒体、政务在社会时事报道中的主导作用,结合重大事件和重要时间节点调节榜单氛围等[26]。整改前的热搜,其权威性主要建立在"计算机程序的无意识自动化客观性"(unthinking automated objectivity)上[19];随着算法弊端的显露以及主流媒体发起了"算法批判运动"[20],人工的专业判断开始受到微博的推崇和强调。

综上,微博热搜糅合了"分散个体的意见聚合"和"公众间的互动、讨论与连接"这两种民意定义与测量方式:既是私下的、个体的、平等的,也是公开的、关系的、分层级的,且日益走向人机联姻。

2. 大众媒体对微博热搜的合法性建构及其历时性演变

1)大众媒体对微博热搜的合法性建构

大众媒体是如何看待和阐释微博热搜的?热搜日益成为占据主导地位的舆论载体,大众媒体在其中扮演了什么作用?为了回答上述问题,笔者以"热搜"为关键词,在《人民日报》等十家大众媒体微信公众号搜集到了1133篇有关文章。其中,2018年80篇,2019年

289 篇，2020 年 245 篇，2021 年 396 篇，2022 年 1 月—5 月 123 篇。虽然不同年份间报道量有所起伏，但整体呈增长趋势。内容分析结果显示，绝大多数文章认可和接纳了热搜的合法性，仅有 56 篇提出了质疑和批评的声音，仅占样本总量的 4.9%。卡方检验分析发现，不同媒体在微博热搜的合法性建构方面不存在显著性差异($\chi^2=15.970, P>0.05$)，表现出了态度的相似性(见表 1)。

表 1　十家媒体对待热搜的总体态度

	《光明日报》(n=131)	《环球时报》(n=83)	《南方日报》(n=93)	澎湃新闻(n=227)	《人民日报》(n=152)	新华社(n=96)	《新京报》(n=81)	央视网(n=88)	央视新闻(n=77)	《中国新闻报》(n=105)	总计(n=1 133)
认可/接纳	96.9%	91.6%	96.8%	94.7%	96.1%	92.7%	88.9%	93.2%	96.1%	95.2%	94.5%
质疑/批评	3.1%	7.2%	3.2%	4.0%	3.9%	6.3%	11.1%	6.8%	3.9%	3.8%	4.9%
中性	0.0%	1.2%	0.0%	1.3%	0.0%	1.0%	0.0%	0.0%	0.0%	1.0%	0.5%
卡方检验	$\chi^2=15.970, P=0.422$										

此外，研究使用 Python 对样本标题进行词频分析。首先，利用 jieba 库对样本数据进行分词，并实现对于关键词词频以及关键词两两之间共同出现频率的统计。其次，利用 networkx 初始化创建一个尚不包含节点信息的简单无向图 G，并在新创建的网络关系图中逐个添加新的节点 Node 和新的连边 Edge，设置节点和连边的属性和布局。最后，在词频分析的基础上完成绘图。将每个关键词当作图中的一个节点，节点大小反映了关键词的词频大小，计算节点之间的关系，共同出现过则连线，连线粗细反映了两个关键词之间共同出现的频率大小。

如图 1 所示，大众媒体最常将“热搜”($n=998$)与“冲上”($n=187$)、“第一”($n=116$)放在一起使用，其次是“刷屏”($n=20$)、“火上”($n=16$)、“登上”($n=16$)、“又双叒”($n=9$)、“连上”($n=7$)、“引爆”($n=6$)和“整改”($n=5$)。除了“整改”带有质疑/批评的意涵外，其余高频词汇均显现出了大众媒体将热搜等同于民意的倾向。在大众媒体的报道中，排在热搜第一的一般是能够多次登上热搜的内容，等同于引发了广泛的公众关注。

2) 大众媒体对微博热搜合法性建构的历时性演变

卡方检验分析发现，随着时间的推移，大众媒体对热搜的阐释存在显著差异($\chi^2=44.548, P<0.05$)，即大众媒体对热搜的合法性建构存在着历时性变化(见表 2)。如图 2 所示，大众媒体日益认可和接纳了热搜的合法性，而质疑和批评的声音逐年减少，从 2018 年的 20%下降到 2022 年的 2.4%。需要指出的是，2018 年 1 月和 2020 年 6 月，北京市网络信息办公室曾两度约谈微博，责令其立即整改，暂停更新微博热搜榜一周，对此事件的报道均被编码为“质疑/批评”。2018 年样本总量最小，因此，“质疑/批评”类的推文比例最高。2020

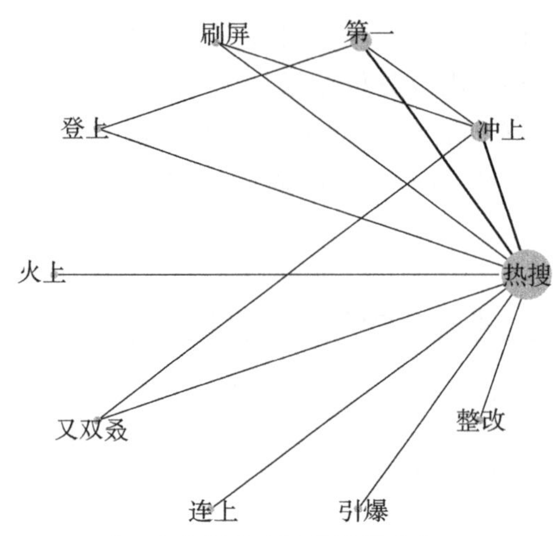

图 1　大众媒体建构热搜的高频词汇

年尽管也出现了热搜整改的相关报道，但由于样本总量最高，“质疑/批评”类的推文比例占较小比例。

表 2　十家媒体对待热搜的态度演变

	2018 (n=80)	2019 (n=289)	2020 (n=245)	2021 (n=396)	2022 (n=123)	总计 (n=1 133)
认可/接纳	75.0%	96.5%	93.9%	96.5%	97.6%	94.5%
质疑/批评	20.0%	3.5%	5.7%	3.3%	2.4%	4.9%
中性	5.0%	0.0%	0.4%	0.3%	0.0%	0.5%
卡方检验	χ^2=44.548, P=0.000					

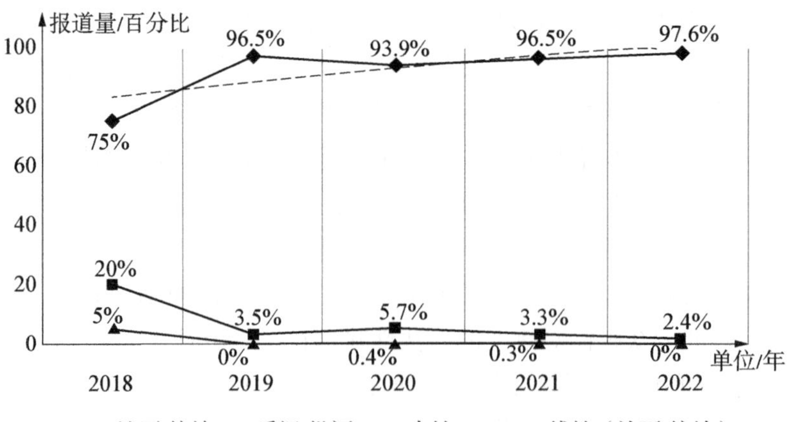

图 2　大众媒体对待热搜态度的历时性演变

这种历时性变化可能与微博热搜愈加强调正能量和人工调控有关，带来的直接后果就是，大众媒体推动话题登上热搜的比例越来越高。2021 年上半年热搜中的社会时事热点话题 81%由媒体主持，而后续发布的《热搜双月报》显示，7—8 月该比例是 85%，9—10 月该比例是 88%，11—12 月该比例达到了 89%。面对国家对算法推荐平台的调控，热搜愈发注重编辑价值以及社会公共职责的履行，这与大众媒体的目标趋于一致。

四、讨论与结论

雷蒙·威廉斯(Raymond Williams)曾说，“实际上没有群众，有的只是把人看成群众的那种看法……实际上，我们根据某种方便的公式把他们聚集成群并加以诠释。在它的条件之中，这公式是成立的。但是，我们真正应该检验的是这个公式，而不是群众”。度量社会背景下，热搜日益成为民意的重要载体，然而我们很少反思热搜所提供的数据的性质，热搜如何获取权威，以及为何它在公共话语中承担如此重要的角色。

本研究发现，大众媒体倾向于将热搜视为民意的合法来源，而缺乏对“公式”的检验与审视。随着时间的推移，质疑与批评声音逐年减少，“热搜”最常与“冲上”“第一”搭配使用，这种量化测量使得某些价值顺序(orders of worth)制度化，并提供了一种特定的看待、评估事物的基准和正当理由[27]。“上热搜”日益成为人们的口头禅，并在公共话语中承担越来越重要的分量，这与大众媒体扮演的助推作用是分不开的。通过对集体化热点算法合法性话语建构过程的研究，本文有助于补充和修正已有研究结论：官方媒体对算法持批判性态度[20-21]的结论仅仅适用于个性化推荐系统算法。

学者张自力、樊猛在《质疑民意调查报道》一文中曾指出，媒体在进行民意调查报道前应主动自问几个问题：“调查者是谁？调查方法是怎样的？抽样方法和样本大小是否合适？调查结果的呈现是否科学[28]？”与此相应的，当热搜越来越成为主导性的民意基础设施，大众媒体在采纳时也应当自问以下问题：热搜的上榜规则是怎样的？“可信”用户又是如何界定的？热搜既然不是随机的、有代表性的，那么多数主义能否以及在多大程度上可以代表民意？微博热搜的民意表达中，是否存在算法偏见或歧视？我们不能仅仅因为数据量足够庞大，就忽视背后的方法论问题、不透明和不平等。

已有研究大多着眼于当下，缺少以动态、发展的视角看待社交媒体作为民意基础设施的历时性变化。社交媒体的“社交”功能——公开的人际交往与连接——受到了学界较多关注，而搜索功能对人们私下意见的聚合未受到足够重视

正如吉莱斯皮所指出的，热点话题和民意调查、街头访谈、投票机制等一样，仅仅是声称能够代表民意的众多信息实践中的一种[12]。除了本文讨论的微博热搜之外，未来研究可以继续考察其他数字平台是如何声称能够代表民意的，声称的合法性来源是什么(如众包原则、量化逻辑)，背后又体现了怎样的价值观念。例如，豆瓣声称其评分“一直以中立地还原大众的平均看法为目标”[29]。面对种种声称代表民意的信息实践，大众媒体不应简单地将其视为民意的合法来源，而应对之做出审议与校正[4]。本文通过实证研究验证了这种趋

势,即大众媒体日益认可和接纳热搜背后的热点算法逻辑,然而对于其背后的动机则无从探知。未来研究可以采用深度访谈或民族志的方法,深入探索记者编辑采纳热搜的原因,以及观测热搜是否成为新闻编辑部的工作常规(routine)。

本文的不足之处在于仅仅检索到了 2018 年至今的热搜相关报道,因此,无法从更长的时间跨度来考察大众媒体看待和阐释热搜的方式及其演变,尤其缺少热搜 2014 年问世初的相关报道。

参考文献

[1] Bryce J. The American commonwealth [M]. New York: Macmillan, 1891:251.

[2] 微博热搜榜. 微博热搜榜 2016 产品报告[EB/OL]. (2016-04-28)[2022-07-20]. https://weibo.com/1658035485/Dt4MKzZ3f? refer_flag=1001030103_.

[3] 雷丽莉. 微博"热搜榜"与互联网信息服务的规制[J]. 新闻记者,2019(10):81-87.

[4] 周葆华. 算法、可见性与注意力分配:智能时代舆论基础逻辑的历史转换[J]. 西南民族大学学报(人文社会科学版),2022(01):143-152.

[5] Dubois E, Gruzd A, Jacobson J. Journalists' Use of Social Media to Infer Public Opinion: The Citizens' Perspective [J]. Social Science Computer Review, 2020,38(1):57-74.

[6] McGregor S C. Social media as public opinion: How journalists use social media to represent public opinion [J]. Journalism, 2019,20(8):1070-1086.

[7] Gillespie T. #trendingistrending: When algorithms become culture [M]//Seyfert R, Roberge J. Algorithmic Cultures Essays on Meaning, Performance and New Technologies. London: Routledge, 2016:52-71.

[8] Striphas T. Algorithmic culture [J]. European Journal of Cultural Studies, 2015,18(4-5): 395-412.

[9] Gillespie T. The relevance of algorithms [M]//Boczkowski P, Foot K. Media technologies: Essays on communication, materiality, and society. Cambridge, MA: MIT Press, 2014: 167-193.

[10] Herbst S. Public opinion infrastructures: Meanings, measures, media [J]. Political Communication, 2001,18(4):451-464.

[11] Price D K. Communication concept 4: Public opinion [M]. Newbury Park, CA: Sage, 1992.

[12] Anstead N, O'Loughlin B. Social media analysis and public opinion: The 2010 UK general election [J]. Journal of Computer-Mediated Communication, 2015,20(2):204-220.

[13] Blumer H. Public opinion and public opinion polling [J]. American Sociological Review, 1948, 13(5):542-549.

[14] 周葆华. 社会化媒体时代的舆论研究:概念、议题与创新[J]. 南京社会科学,2014(01):115-122.

[15] Fürst S, Oehmer F. Attention for Attention Hotspots: Exploring the Newsworthiness of Public Response in the Metric Society [J]. Journalism Studies, 2021,22(6):799-819.

[16] Gillespie T. Can an algorithm be wrong? [J]. Limn, 2012(2):17-20.

[17] Beer D. The social power of algorithms [J]. Information, Communication & Society, 2017,20(1):1-13.

[18] Ananny M. Toward an Ethics of Algorithms: Convening, Observation, Probability, and Timeliness [J]. Science, Technology and Human Values, 2016,41(1):93-117.

[19] Carlson M. Automating judgment? Algorithmic judgment, news knowledge, and journalistic professionalism [J]. New Media & Society, 2018,20(5):1755-1772.
[20] 白红义,李拓.算法的"迷思":基于新闻分发平台"今日头条"的元新闻话语研究[J].新闻大学,2019(01):30-44.
[21] 张志安,周嘉琳.基于算法正当性的话语建构与传播权力重构研究[J].现代传播(中国传媒大学学报),2019(01):30-36.
[22] 微博管理员.微博热搜管理规则[EB/OL].(2021-08-23)[2022-07-23].https://m.weibo.cn/1934183965/4673288234863216.
[23] 王茜.批判算法研究视角下微博热搜的把关标准考察[J].国际新闻界,2020(07):26-48.
[24] 微博热搜榜.如何打造#热搜话题#[EB/OL].(2018-03-19)[2022-07-20].https://weibo.com/1658035485/G88PcoHOn?refer_flag=1001030103.
[25] 杨阳.专访微博副总裁曹增辉:热搜榜到底整改了什么?[EB/OL].(2018-02-09)[2021-07-24].http://www.jiemian.com/article/1936929.html.
[26] 微博热搜榜.微博热搜榜调整规则公告[EB/OL].(2022-01-07)[2021-08-23].https://weibo.com/1658035485/L9EW2iDWl?pagetype=profilefeed.
[27] Mau S. The Metric Society: On the Quantification of the Social [M]. Cambridge: Polity Press, 2019.
[28] 张自力,樊猛.质疑民意调查报道[J].杭州师范学院学报(社会科学版),2006(05):35-40.
[29] 豆瓣回应"周杰伦专辑提前开分"[EB/OL].[2021-08-24].https://weibo.com/1640663757/LAJGukQwu.

极端环境下智慧城市信息传播与社会治理研究①

陈积银② 李 月③ 聂汉林④

【摘 要】 本文探究在暴雨灾害下城市信息传播的特征和问题，提出相应对策，助力极端环境下智慧城市的信息传播和治理。通过对21位Z市市民的深度访谈和社交媒体的数据分析，总结灾害事件中的信息传播特征并建立模型。研究发现，在此类灾害事件中，灾前监测预警信息发布及时但内容缺乏针对性，出现求助救援的信息协同发布与多渠道交叉传播特征，由于通信信号传输受阻或编码解码差异导致的噪声干扰正常信息传播，也存在应急设施未能有效利用、群众日常应急科普知识匮乏等问题。研究提出借助新技术打造更智能化、精准化的灾害预警系统，推进应急信息管理规范化、网络化，健全信息治理与日常应急知识科普体系以及完善智慧城市应急机制等对策。

【关键词】 暴雨灾害；智慧城市；信息传播；社会治理

"智慧城市"（smart city）理念认为智能技术正应用于生活的各个方面，如智慧医疗、智慧交通、智慧电力等。城市是地球未来发展的重点，整合着人、商业、运输、通信等城市运行的各个核心系统[1]，因此"智慧城市"理念应运而生。2012年国家建立首批智慧城市试点，近十年过去，我国的智慧城市建设已经进入高峰期。截至2020年4月初，住房和城乡建设部公布的智慧城市试点数量已经达到290个。智慧信息传播是智慧城市建设的重要方面。有学者指出，智慧传播时代是机器的、理性的、精确的传播时代[2]，即在智慧传播时代，人们可以利用人工智能等新技术，选择恰当的传播渠道和传播方式，迅速生成准确、真实的信息，并进行精准化、垂直化分发。

习近平总书记在2019年中央政法工作会议上首次鲜明提出要"加快推进社会治理现代化，努力建设更高水平的平安中国"[3]。对于城市洪涝灾害的防治则是社会治理现代化的重要体现之一，防治城市洪涝灾害成为城市应急管理体系和治理现代化的一项重要任务。

---

① 本文系2021年国家社科基金后期资助项目"智能推荐型视频媒体产业价值链研究"（G2021170010L）、2021中国科技部高端外专项目"智能信息传播与社会治理研究"（G2021170010L）、中国陕西省科技厅创新能力支撑计划"大数据可视化科技开放共享平台"（2020PT-029）的阶段性成果。

② 西安交通大学新闻与新媒体学院教授，博士，陕西省智媒研究基地主任。

③ 西安交通大学新闻与新媒体学院硕士研究生。

④ 西安交通大学马克思主义学院博士研究生。

本文对Z市暴雨灾害事件进行案例分析,结合深度访谈和相关报道尝试研究以下问题:特大暴雨灾害事件中信息传播有何特征?存在哪些问题?未来应如何实现暴雨等自然灾害下城市信息的有效传播和智慧城市治理?本文结合深度访谈和社交媒体的数据抓取,从暴雨信息被监测到信息分发,获得反馈的整个传播过程,建立暴雨灾害下中的信息传播模型,考虑到信息传播过程中电力、通信设备等物理因素和对信息的误解、谣言的传播等人为因素,根据访谈资料设计智慧城市信息传播结构体系,为极端环境下智慧城市的信息传播和治理提供模型与路径参考。

一、突发事件信息传播与智慧城市应用相关研究

从信息传播的渠道和方式看,不同国家和地区的居民获取突发事件相关信息的渠道不同,有研究指出地震之后人们获取灾害信息的方式有广播、电视、教会和人际传播等传统方式以及互联网、广告牌、警察等新型方式[4]。本研究将突发事件下信息的传播主要分为传统媒体、社交媒体和其他渠道(如人际传播、群体传播)三类。

1. 突发事件中的传统媒体信息传播

传统媒体主要指报纸、电视、广播和特定场合的户外媒体。报纸在突发事件的报道中存在时效的滞后性,因此不在本文的研究范围中。有研究表明,在互联网时代,传统媒介在自然灾害信息发布和突发事件下公众的信息获取方面依然不可或缺[5]。例如,有研究发现电视传播在新冠肺炎疫情发生后发挥了社会管理机制修正或重构的促进功能[6],电视新闻在重大危机事件传播中也可发挥引领方向、凝聚力量等重要作用[7]。尽管当前的媒介研究焦点已经转向新媒体,但在灾害发生时,广播依然是日本人最为依靠的媒介[8]。在2020年新冠肺炎疫情期间,农村应急广播也在农村地区的疫情防控中起到重要作用[9]。户外媒体十分依赖地理位置,一般用于广告投放、品牌营销、城市形象宣传,如地铁、公交车等交通工具上的小型显示屏或广场、商场等公共场所的大型显示屏等,有研究发现户外媒体具备重要场景价值[10]。

2. 突发事件中的社交媒体信息传播

社交媒体的出现让突发灾害事件信息传播更广、舆情发酵更快、社会影响更大,从政府信息发布、危机传播到谣言治理、舆情引导,较传统媒体时代增加了很多新挑战和新问题。有研究指出在2015年深圳山体滑坡事故中,政府根据社交媒体生态变化特征调整危机传播策略,有效提升信息传播效果[11];对于社交媒体上用户生成内容(UGC),国内外有不少学者进行深入研究,例如,有研究讨论了印度钦奈市洪水灾害中社交媒体的使用以及社交媒体上公众参与城市治理的方式[12];有学者挖掘和分析社交媒体上关于城市突发事件的阿拉伯语言内容,生成包含事件类型、影响程度、受灾人数、事件现场环境等内容的事件应急情报报告,有助于救援人员迅速评估和展开行动[13];有学者围绕"台风利奇马"相关微博信息,分析气象灾害下网络信息传播模式,揭示其发展形态与规律,并给予相应舆情引导策略[14]。

3. 突发事件中的群体传播与人际传播

美国社会学家查尔斯·H. 库利(Charles H. Cooley)将社会群体分为初级群体和次级群体,其中初级群体一般指亲密的、面对面接触和合作的群体,包括家庭、邻里和伙伴等;次级群体的形成一般源于一定的社会需要,成员间的联系以社会分工为基础,如社会组织等[15]。社区是城市的组成单元,社区中存在群体传播、人际传播等多种传播方式,有效的社区传播将大大提高突发事件中的信息传播和社会治理效率。有研究显示,城市大众媒介无法有效满足居民对社区信息的需求[16],但目前社区媒介基础设施建设并不发达。一般在突发事件中,存在一类场内公众群体,这类群体会自发形成信息传播载体,并通过社会关系构建社会关系网络[17]。有学者以地铁突发事件为例,考虑时间和空间的有限性,建立了地铁突发事件舆情传播模型[18]。也有学者提出群体内个体传播影响力评估方法和应急信息传播模式制定方法,并通过智能建模对应急信息传播情景进行有效推演[19]。

实际上当突发事件发生时,信息往往不是单一路径或渠道传播,而是多渠道交织传播,并形成复杂信息传播网络。在2011年日本大地震和2016年日本熊本地震中,传统报纸借助社交媒体平台传播、广播媒体借助新媒体平台传播等媒介渠道间合作的传播方式极大提高了信息传播效果[20]。

4. 暴雨灾害中智慧城市的应用研究

智慧城市一般被认为是运用一种更为智慧的方法,通过新一代的信息技术来改变政府、社区或公司和人们交互的方式,以提高交互的明确性、效率、灵活性和响应速度[21]。极端天气极易导致突发自然灾害事件,城市持续强降雨可能导致洪涝灾害。暴雨发生时,依托大数据、物联网、云计算、人工智能等技术的智慧城市建设能保障城市各系统正常运转,这是推进国家治理体系和治理能力现代化的重要体现。有学者针对城市洪水灾害设计智能城市方案,通过设计智慧"海绵城市"雨水洪水生态系统,监测和评估风险以降低洪涝灾害影响[22];有研究通过智能传感器和神经网络准确估计区域降雨量,为智慧城市精准降雨预测提供可行方法[23];也有研究基于物联网和街道灯光等技术进行水位记录监测,方便识别智慧城市降雨水位情况[24]。

通过对国内外相关文献的梳理,可以发现当前国内外对于突发事件中的信息传播、智慧城市系统在暴雨灾害中的应用相关研究较为丰富,且呈现跨学科交叉态势,但仍有一定不足。其一,对于突发灾害事件的信息传播,多数研究从灾害信息内容、传播渠道、效果等维度进行分析,未考虑电力、通信设备等物理因素对信息传播的影响;其二,对暴雨灾害中智慧城市的应用研究多为从理工科视角出发研发灾害智能监测、预警技术或防灾减灾生态系统,较少研究关注灾害预警和相关信息的智能化传播设施与策略。因此本文从灾前预警信息传播、灾时救援与求助信息传播、干扰信息传播的物理因素和人为因素、群众应急信息储备等方面深入分析Z市暴雨灾害,对上述不足进行回应。

二、暴雨灾害中的信息传播

本文通过滚雪球抽样,采用线上电话访谈方式,一对一访谈了21位经历Z市暴雨灾害的市民，受访者来自Z市五区一市，年龄范围为22～62岁，涉及教师、学生、建筑设计师、国企退休职工等不同职业，受访者基本资料如表1所示。访谈问题主要涉及访谈对象基本信息(性别、年龄、职业)、市民对暴雨监测预警信息的接收、市民发布或转发求助救援信息的行为、信息传播受阻原因与当地解决方案、市民应急知识储备情况、智慧城市建设与信息传播建议等六部分。

表1 受访者基本资料一览表

受访者编号	年龄	性别	职业	所在地区	受访者编号	年龄	性别	职业	所在地区
M1	40	女	教师	JS区	M12	30	男	建筑设计师	EQ区
M2	32	男	自由职业	EQ区	M13	29	女	教师	ZY区
M3	62	女	国企退休职工	GC区	M14	23	男	房地产销售管理	ZY区
M4	32	女	教师	JS区	M15	30	女	教师	JS区
M5	50	女	教师	GC区	M16	24	女	物业公司行政人员	HJ区
M6	22	女	学生	JS区	M17	40	女	教师	JS区
M7	41	男	教师	JS区	M18	26	男	消防教育培训师	GC区
M8	28	女	劳务派遣员	ZY区	M19	24	女	物业公司行政人员	HJ区
M9	29	女	教师	EQ区	M20	42	女	教师	JS区
M10	25	女	学生	JS区	M21	25	女	全职妈妈	XZ市
M11	28	女	教师	ZY区					

根据访谈中获取的Z市暴雨灾害事件中的信息传播特征，本文建立信息传播模型(见图1)。自然灾害监测部门借助传感设备对暴雨气象信号进行监测，其他部门发布灾害预警信息，向下通过各种传播渠道发送给社会各界。社会大众会对收到的信息进行解码，并给予传播媒介一定反馈，如进行救援求助、针对灾害事件发表观点和看法。值得注意的是，在整个信息传播过程中存在噪声影响，这里的噪声因素包括通信信号不良或电力系统故障阻碍信息传播，社会大众对事件的模糊认知、信息编码解码差异导致不实信息传播或因有意为之干扰有效信息正常传播。

1. 灾前监测预警信息发布及时，但内容缺乏针对性

当前灾前监测技术发展已经较为先进，如卫星遥感系统、物联网与大数据技术已广泛应用于灾害监测系统，因此预警信息发布较早。以社交媒体为例，官方微博@Z市气象从7月18日晚—7月19日，24小时内累计发布暴雨预警微博12条，预警信号从暴雨黄色预警升级至暴雨红色预警。但在7月19日晚22:12的微博显示:“目前，Z市市区局部降水量已达50毫米以上，预计未来3小时内，降水持续，累积降水量将达100毫米以上，请注意防范。”仅说明“累计降水量将达100毫米以上”，未准确估计降水极大值;仅提醒“注意防范”，

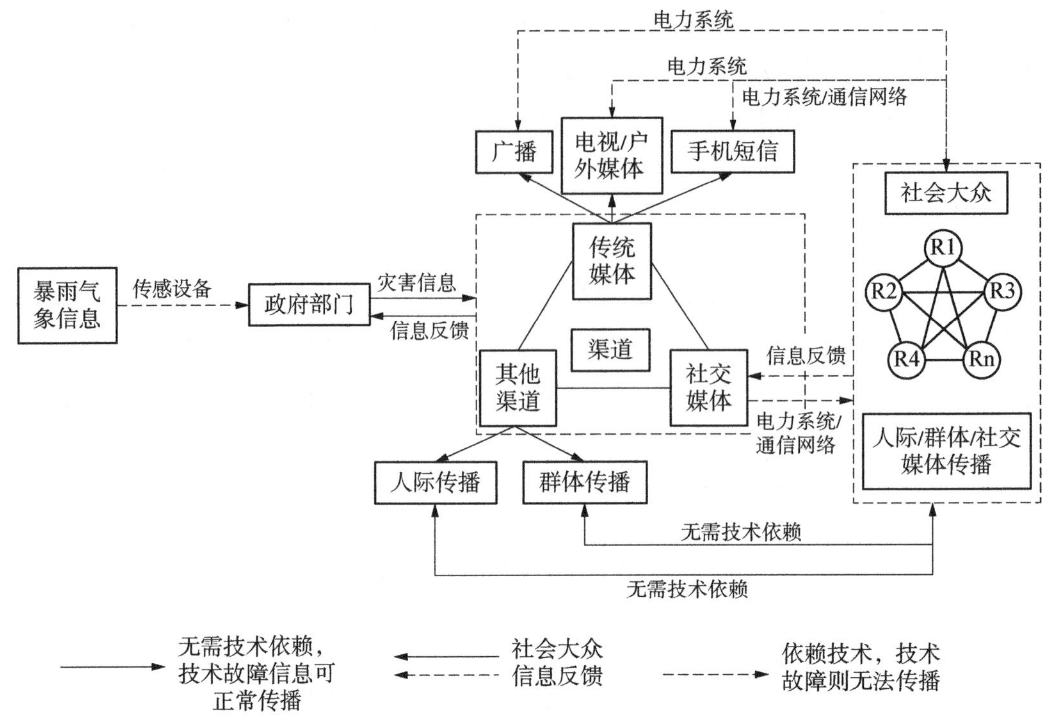

图 1　Z 市暴雨灾害中的信息传播模型

内容较为简略，未能给出具体应对对策(见表 2)。

表 2　官方微博@Z 市气象发布的微博词条示例

日期	时间	微博内容
2021 年 7 月 18 日	22:01	Z 市气象台 2021 年 7 月 18 日 21 时 54 分发布暴雨黄色预警信号：预计未来 6 小时内，Z 市 ZY 区、EQ 区降水量将达 50 毫米以上，伴有小时雨强 20 到 30 毫米的短时强降水、7 级以上的短时大风。请注意防范
2021 年 7 月 18 日	22:23	7 月 18 日 18 时至 07 月 18 日 22 时，Z 市出现阵雨雷阵雨，局部大雨。最大降水量出现在 XZ 市的后湖 38.4 毫米。降水量在 25～49.9 毫米的站点有 6 个，10～24.9 毫米的站点有 35 个……伴有 1 小时 20～30 毫米的短时强降水，目前 Z 市 ZY 区、EQ 区暴雨黄色预警中
2021 年 7 月 19 日	18:23	Z 市气象台 2021 年 07 月 19 日 18 时 13 分继续发布暴雨黄色预警信号：预计未来 6 小时内，Z 市市区及所辖六县(市)降水量将达 50 毫米以上，局部达 100 毫米以上，请注意防范
2021 年 7 月 19 日	20:03	7 月 19 日 Z 市地区降水持续，局地达到暴雨量级。预报员 24 小时密切监测天气变化，及时发布预报预警信息。经过昨天一夜的鏖战，气象工作者们仍然坚持守在一线，研判天气形势，制作重要天气报告。就算大雨让整座城市滂沱，我会给你拥抱，只要看到你安然的背影，我守护的日日夜夜都值得

受访者M3指出,7月20日凌晨曾收到暴雨红色预警的短信提醒,早上通过小度智能音箱的广播也有听到预警信息,但由于夏季雨水较多,因此并未想到降雨量如此大。受访者M14谈到,7月20日当天早上收到暴雨预警短信但未在意,下午4点左右雨势太大,才意识到问题。受访者M3提供了Z市防汛办发布的短信:①Z市气象台2021年07月19日21时59分发布暴雨红色预警信号,目前,Z市区局部降水量已达50毫米以上,预计未来3小时内,降水持续,累积降水量将达100毫米以上,请注意防范。②请全体市民注意,Z市正在经历特大暴雨,请市民无事尽量减少外出,注意做好自我安全预防。可见在暴雨灾害事件中,气象部门和防汛办的预警虽然较为及时,但不够全面具体,发布的信息内容不完善且缺乏针对性。对于政府部门,收到的降雨预警信息无法支撑其立即做出停工停业停止交通等决定;对于缺乏应急知识和经验的普通百姓,不能专业评估灾害风险指数,对此类突发灾害事件不能做出有效和及时的防范措施。

2. 求助救援信息协同发布,多渠道交叉传播

由于缺乏统一的求助和救援信息收集和发布平台,求助信息一开始较为分散地发布在网络上,微博超话成为求助信息发布的重要渠道之一。在访谈过程中,有6位受访者都曾发布或转发过求助与救援信息,主要通过微信朋友圈和微博等渠道。值得关注的是,协同信息发布成为这次暴雨灾害事件中求助信息发布的新方式。协同信息行为(collaborative information behavior, CIB)指一组成员为了识别和解决一个共同的信息需求而采取的活动,共同协作和互惠共享是其核心要素[25]。各移动互联网平台在此次救援行动中发挥了积极作用:H省女大学生"Manto"创立《待救援人员信息》在线共享腾讯文档,及时登记分享等待救援的人员信息、救援人员信息;美团上线H省紧急临时安置酒店信息,为受灾人群提供避难服务;抖音置顶"H省暴雨专题",并提供直播求助与救援服务;高德地图、百度地图等平台紧急上线互助功能,这些平台在抗洪救灾的黄金时间都发挥出巨大的能量。基于"多对多"的协同信息发布与共享方式依赖高效的信息传递[26],构建信息资源协同制度和平台是智慧城市中智慧政府建设工作的要点。

灾害信息通过传统媒体、社交媒体、群体传播与人际传播等方式传递给社会大众,且各渠道信息传播存在交叉现象。传统媒体积极发挥权威性,对暴雨灾害事件进行全媒体报道,特定区域受灾者通过人际传播或群体传播进行求助与展开救援。在Z市暴雨期间,社交媒体微博成为重要的信息中枢,微博上的高频词在一定程度上可以反映出网民在一定时期对某事件的关注焦点。本文对7月20日—7月22日含有"Z市暴雨"和"Z市水灾"的相关微博词条抓取和清洗,得到该时间段1858条微博数据,利用ROST CM6文本分析工具,得到排名前35的高频词如表3所示。除必要的相关事实描述关键词如"Z市""H省""暴雨""水灾"外,网友最关注且较多发布"救援""互助"类信息,具体包括物资需求、水电信号等问题、交通问题和医疗问题等(见表3)。

表 3　Z 市暴雨事件相关微博词条排名前 35 关键词

序号	关键词	词频	序号	关键词	词频	序号	关键词	词频
1	Z 市	3 111	13	人民	225	25	降雨量	121
2	H 省	2 265	14	平安	206	26	损失	112
3	暴雨	1 916	15	驰援	199	27	求助	111
4	水灾	1 095	16	人员	197	28	帮助	109
5	救援	1 003	17	紧急	168	29	扩散	105
6	互助	463	18	应急	161	30	停电	104
7	加油	374	19	洪水	158	31	水位	102
8	物资	358	20	防汛	154	32	道路	94
9	联系	309	21	市民	153	33	医院	91
10	地铁	306	22	捐赠	148	34	车厢	87
11	小时	258	23	支援	139	35	停水	76
12	严重	244	24	信号	129			

3. 通信信号传输受阻，编码解码差异干扰传播

自然灾害发生时，信号的中断主要分为断电、光缆中断、机房坍塌、移动基站损坏、路由器和交换机失效、电信机房被淹等情况。此次暴雨中，由于基站蓄电池耗尽导致设备供电中断、运营商光缆受损和运营商基站设备故障等原因导致基站退服、通信不畅、受困群众无法与外界联系，也给应急救灾工作带来重重困难。受访者 M6 说，暴雨开始之后大概有七八天的时间都是断电的，手机没有信号或者只有断断续续的信号。电梯没有电，需要爬楼梯，因此高层住户上下楼非常麻烦。受访者 M10 说，想与家人打视频报平安打不了，就连电话信号都是断断续续的。当时和朋友一起合租，但两天都联系不上她，彼此的手机和充电宝都没电了，因此非常着急。信号传输受阻作为突发灾害事件信息传播过程中的主要"噪声"，严重干扰了有效信息正常传播。

谣言可以通过提供某种"社会视角"帮助信息匮乏的人做出判断[27]，因此灾害事件的信息传播过程成为谣言滋生的温床。从灾害信息发布方对信号编码、传播到社会大众解码，可能因社会大众对暴雨事件的模糊认知以及编码解码差异导致不实信息传播，也有少部分个体为博取流量、消费公众情绪而有意散布谣言。如在这次暴雨事件中，受访者 M21 曾听到的典型谣言有"暴雨后城市自来水不能喝""暴雨致天然气爆炸""Z 市海洋馆鲨鱼、鳄鱼跑上街头"等，这些谣言也是信息传播过程中的"噪声"部分。

4. 应急设施未能有效利用，对应急知识的科普匮乏

Z 市暴雨导致城市通信系统、供电系统、防洪系统、交通系统等各大系统都受到不同程度的破坏，出现 Z 市地铁雨水倒灌，城市信号中断、停电、停水等状况。受访者 M6 说，当时

智能化的设备和应急措施确实很少，大多数还是市民自救互救的状态，在雨量减小后，电力、通信相关设备的抢修陆续到位，后期的物资与救援逐渐得到保障。受访者 M20 谈到，小区地库漏水严重，物料采买最多的就是排污泵，挪沙袋放到地库门口，没有智能化的设施，需要人工去抽水、铲水、搬沙袋堵住。由于应急设施和备用设备未能及时使用，各大系统出现故障不能正常运作时，城市无法立刻启动相关应急方案和备用装置，极易陷入瘫痪状态，进一步影响公众情绪疏导、紧急救援和具体决策指挥等工作。

美国学者查尔斯·R.赖特(Charles R. Wright)指出大众传播在传播知识、价值以及行为规范方面具有重要作用，也被称为媒介的教育功能。在常态下，媒介的教育功能表现为新闻媒体在日常报道中倾向性地增加灾害预警知识、应急知识和安全教育信息。我国防灾减灾和应急知识的宣传科普相对缺乏，与发达国家还有一定差距。90.5%的受访者在谈到自己的应急知识储备情况如何时都承认较为欠缺，71.4%的受访者被问到在遇到类似突发灾害时的情绪或心理状态时，表示“很恐慌”“很害怕”。持续强降雨导致突发灾害事件，社会大众无法迅速做出防范决策，故不能有效自救与互救。

三、未来突发灾害事件信息传播与城市治理路径

针对 Z 市水灾中出现的信息传播与城市应急治理问题，本文结合智慧城市设施，对灾害中的信息传播结构体系进行优化(见图 2)。整个结构体系分为监测预警、信息发布管理和智慧城市设施三个维度。其中智慧城市设施如智慧电网、智慧通信系统等作为整个体系的支撑，是突发灾害事件中及时做出应急行动的技术保障；监测预警技术是灾害发生时有效监控、预警和进行风险评估的第一步，智慧城市中应利用新技术将灾害信息可视化、精确化，并传输至政府部门；在信息发布管理维度构建官方应急信息共享和管理平台，帮助灾害信息和救援信息等各项信息资源的收集、管理和发布，避免因信息不对称导致的“信息孤岛”现象。

1. 灾害预警系统智能化、精准化

编码是信息有效传递的第一个关键环节，因此灾害的监测预警在城市突发事件应急管理中起着重要作用。在技术发展迅速的当下，灾害监测部门应灵活运用大数据、物联网、人工智能等新技术，提高遥感、地理信息系统等传统技术的监测精度，对常见灾害进行风险评估并着力提高风险评估精确性，如国外有学者利用多媒体数据可视化图像压缩方法，结合全球定位系统(GPS)信息快速掌握区域内的受灾情况[28]；构建和完善城市监控网络，通过网络、手机和导航实时传输风险信息，监控和反馈灾害风险发生点[29]。

预警信息的发布应注重应急语言和传播策略，政府与有关部门合作，及时借助户外媒体电子屏显示气象预警；电视和移动设备采取强制弹出灾害预警信息方式，提高群众重视程度和灾害防范意识；在网络信号较差时及时发送手机短信，通信信号中断时借助社区应急广播等传统信息传播方式。对于信息内容，应站在社会大众角度注重人性化的友情提示，稳定受灾群众情绪，说明灾害实时状况的同时给予应急行动策略，充分让社会大众做好

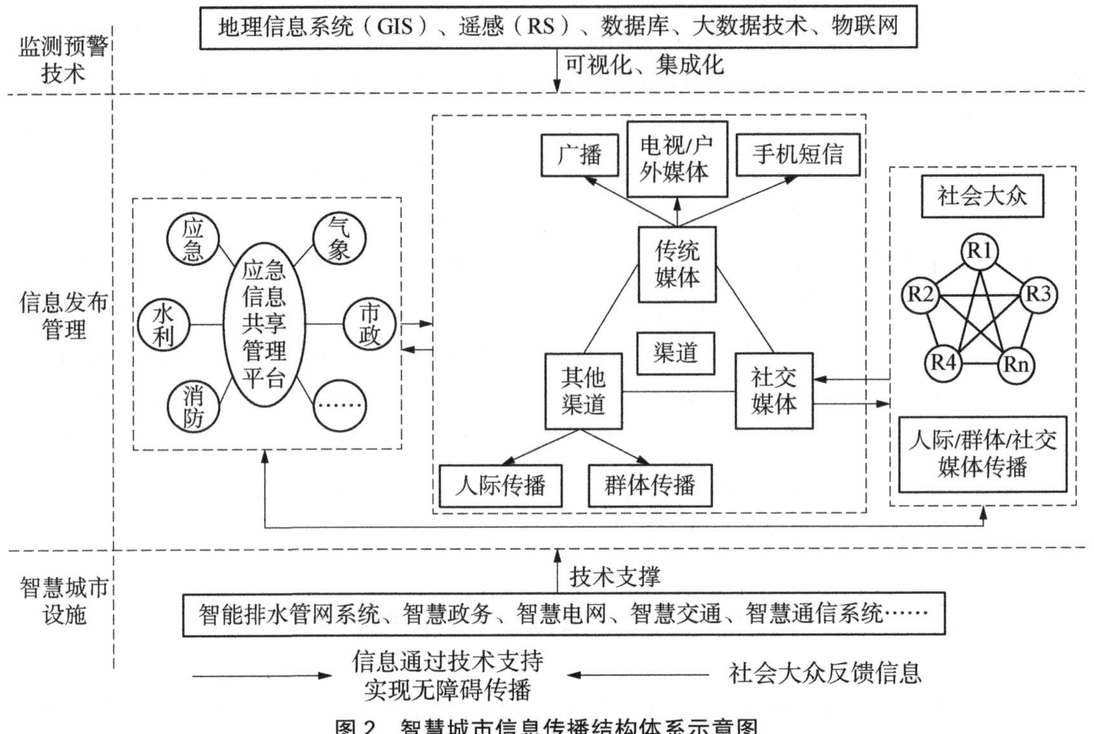

图2 智慧城市信息传播结构体系示意图

必要防范。

2. 应急信息管理规范化、网络化

受访者M12在回应应急信息的发布问题时谈到,很多地方缺少物资需要支援,但大部分求助信息是来自微信、微博,这种求助方式并不是很严谨,因为无法考证其真实性和时效性,例如,可能是两天前的求助信息,但两天后大家还在转发,这就可能对救助、救援产生一定误导。智慧传播其实是整个系统建立有效牢固的信息传播链,完善应急信息收集机制,打造应急救援信息收集与传播平台,才能打通信息反馈的最后一公里。美国在1979年成立联邦应急管理署(Federal Emergency Management Agency, FEMA),该机构直接受美国总统领导,是美国在重大突发事件发生时协调指挥的最高领导机构[30];1988年美国颁布《斯塔福德救灾与紧急援助法案》(*Robert T. Stafford Disaster Relief and Emergency Assistance Act*),该法案对救灾和救援过程中应急信息收集、传播进行了更细致的规定[31];2011年奥巴马发布《第八号总统政策令》,提出全社会参与(Whole of Community)的应急管理理念,全社会主体包括基于地理位置的线下社区和线上虚拟社区,旨在构建应急管理信息网[32]。

目前我国政府各部门之间资源系统相互封闭、各自独立,城市灾害防治易陷入"信息孤岛"困境。针对未来突发灾害事件,可加强应急信息的统一管理,建立多主体、多层级应急信息和反馈信息收集平台,对多元信息甄别分类,提升反馈信息的收集、上传和整理速度,同时构建贯穿管理部门和业务部门的多级联动灾害应急救援服务系统，进行网格化管理，保证各参与主体共同行动，协同救灾。

3. 健全信息治理和日常应急知识科普体系

突发灾害事件中的信息传递受阻、谣言泛滥、负面舆情频发等问题将加重社会损失，因此健全灾害信息发布和信息治理十分必要。在权威机构发出灾害信息环节，应保障各部门信息一致性和时效性，尽可能扩大传播范围，政府部门积极争夺话语权，避免因信息发布不及时或不明确导致谣言传播；在信息反馈环节，建立畅通的信息反馈渠道和响应反馈服务体系，提升信息协同治理水平；对于灾害相关谣言及时溯源并加大惩罚力度。

极端气候灾害一旦发生都可能造成巨大损失，因此，为了保证国家和群众的安全和降低损失，日常应注重应急知识的宣传科普工作。如日本作为灾害频发的国家，十分注重日常防灾宣传，我国可参考其防灾减灾教育宣传策略，主流媒体、专业自媒体通过各新媒体平台，以短视频、H5 等兼具趣味性和知识性的方式进行科普宣传，普及灾害相关知识，如灾害危险性、警报信息发布渠道和常见警报类型、以往灾害经验教训等[33]。

4. 完善智慧城市应急机制，促进各部门协同治理

城市的智能治理强调治理过程、行为的智能化，是指在政府社会治理实践过程中，推动治理方式和手段的智能化，实现治理的精细化、个性化和智能化的一系列治理行为和过程的总和[34]。在突发自然灾害事件中，建立健全智慧电力系统、应急通信系统和其他应急设施建设，将极大降低灾害导致的风险损失，提升智慧城市应急治理效率。

智慧城市中的智慧电力系统可有效防御大范围停电。通过智慧跟踪气象数据及轨迹、掌握输电走廊的地形等非电气量数据、掌握电气设备的位置及走向[35]，打造智慧电网，防止极端环境下停电事故；为解决极端环境下的信号传输问题，应不断完善智慧城市应急通信系统。利用无人机搭载 5G 通信基站升空组网，在通信设施损毁情况下仍可建立应急通信智能组网，或利用微电网和蜂窝网络来支持公众、政府和关键基础设施运营的灾后通信[36]，有效提升应急通信保障能力[37]；在紧急情况下，交通网络在引导疏散路线方面非常有用[38]，建设智能交通网络可用于灾害预警、灾时应急管理和灾后高效率疏散。其他应急设施如应急医疗、应急供水、应急排水等在智慧城市应急治理中也是必不可少的部分。完善智慧城市应急设施建设，构建各部门协同应急策略，有效提升城市受到系统外干扰后的抗逆力、自组织力与恢复力，助推智慧城市应急治理提质增效。

四、结论与展望

突发自然灾害事件的信息传播和智慧城市治理是值得长期深入研究的复杂工作，本文结合深度访谈对 Z 市暴雨灾害事件建立信息传播模型，针对该事件信息传播特征和暴露的问题，从技术层面的灾前预警、智慧城市应急系统建设到信息层面的传播与治理体系构建提出系列解决对策，对暴雨灾害下的信息传播和智慧城市建设有积极的实际参考意义。整体看来，本文还存在一定不足：第一，对社交媒体灾害信息的传播分析只获取了微博上的词条数据,抖音、微信公众号等媒体平台所发布的信息未进行深入分析,且社交媒体抓取的数据不一定精确,仅供参考;第二,由于访谈时间在 2021 年 11 月—12 月,水灾发生时间在 7 月,个别访谈对象回忆当时暴雨灾害经过可能较为困难,因此未来面向突发灾害事件经历者群体的访谈可尽量尽早、及时进行,使研究更加完善。

参考文献

[1] 李重照,刘淑华.智慧城市:中国城市治理的新趋向[J].电子政务,2011(06):13-18.

[2] 陈积银.智慧传播时代的网络文艺传播机制[J].甘肃社会科学,2016(06):100-104.

[3] 推动政法工作高质量发展　建设更高水平的平安中国[N].学习时报,2022-03-16(03).

[4] Sommerfeldt E J. Disasters and Information Source Repertoires: Information Seeking and Information Sufficiency in Postearthquake Haiti [J]. Journal of Applied Communication Research, 2015,43(1):1-22.

[5] 李宜篷.以广播电台为中心构建应急信息传播平台的初步设想——对“汶川大地震”中广播电台之特点与作用的分析[J].西南民族大学学报(人文社科版),2008(09):179-182.

[6] 陈志生.社会危机应对中电视传播促进方式分析——基于 2020 年新冠肺炎疫情的新闻报道[J].电视研究,2020(03):30-33.

[7] 梁波.电视新闻传播参与危机协同治理的实践与思考——以《新闻 1+1》疫情报道为例[J].重庆邮电大学学报(社会科学版),2021,33(02):144-152.

[8] 孙庚.日本社区广播的灾害信息学观照[J].中国广播电视学刊,2020(08):70-74.

[9] 柳帆,盖颐帆.农村广播的“最后一公里”——从疫情防控看农村“大喇叭”的应急传播与服务功能[J].中国广播,2020(07):34-38.

[10] 陈红,王佳炜.移动互联网时代地铁媒体的场景化[J].当代传播,2015(04):70-71+82.

[11] 史安斌,邱伟怡.社交媒体时代政府部门的危机传播与情感引导——以深圳滑坡事故为例[J].现代传播(中国传媒大学学报),2018,40(04):34-41.

[12] Vikas R. ICT and Disaster Management: A Study of the Social Media Use in 2015 Chennai City Floods [J]. International Journal of Public Administration in the Digital Age (IJPADA), 2017, 4(3):29-41.

[13] Alkhatib M, El Barachi M, Shaalan K. An Arabic social media based framework for incidents and events monitoring in smart cities [J]. Journal of Cleaner Production, 2019, 220(20): 771-785.

[14] 张岚,艾文文,罗晓春,刘梅,陈圣劼.气象灾害下网络信息传播模式研究——以台风为例[J].气象科学,2020,40(06):868-874.

[15] Cooley C H. Social Organization: A Study of the Larger Mind [M]. New York: Charles Scribner's Sons, 1909:23-31.

[16] 王倩,黎军.城市社区传播系统与居民归属感的营造——以江西南昌为例[J].江西社会科学,2015,35(01):211-216.

[17] Wang S, Cheng W, Deng Y, et al. Enforced strategy for efficiently improving warning communications among evacuees [J]. Safety Science, 2020,122(5439):104506.

[18] 赵海峰,孙艳秋,Edison T S E.基于有界信任模型的地铁突发事件信息传播[J].系统工程理论与实践,2017,37(12):3244-3252.

[19] 邓云峰,王双燕.突发事件下人群应急信息传播策略推演方法研究[J].中国安全生产科学技术,

2021,17(01):36-42.

[20] 高昊,郑毅.日本灾害信息传播应急机制及对我国的启示[J].山东社会科学,2020(04):38-43.

[21] 袁文蔚,郑磊.中国智慧城市战略规划比较研究[J].电子政务,2012(04):54-63.

[22] Zhou Y, Sharma A, Masud M, et al. Urban Rain Flood Ecosystem Design Planning and Feasibility Study for the Enrichment of Smart Cities [J]. Sustainability, 2021,13(9):5205.

[23] Avanzato R, Beritelli F. Hydrogeological Risk Management in Smart Cities: A New Approach to Rainfall Classification Based on LTE Cell Selection Parameters [J]. IEEE Access, 2020,8:137161-137173.

[24] Laha S K, Ganguly A, Bhattacharya R, et al. IoT based Street Light Visibility and Water Logging Monitoring for Development of a Smart City [C]//2018 7th International Conference on Reliability, Infocom Technologies and Optimization (Trends and Future Directions) (ICRITO). India: IEEE; 2018:671-677.

[25] Hyldegard J. Collaborative information behaviour—exploring Kuhlthau's Information Search Process model in a group-based educational setting [J]. Information Processing & Management, 2006,42(1):276-298.

[26] 马捷,张云开,蒲泓宇.信息协同:内涵、概念与研究进展[J].情报理论与实践,2018,41(11):12-19.

[27] Alstyne A M V. The Diversity-Bandwidth Trade-off [J]. American Journal of Sociology, 2011, 117(1):90-171.

[28] Kawamura Y, Wagner M, Jang H, et al. A Multimedia Data Visualization Based on Ad Hoc Communication Networks and Its Application to Disaster Management [J]. ISPRS International Journal of Geo-Information, 2015,4(4):2004-2018.

[29] 周利敏.迈向大数据时代的城市风险治理——基于多案例的研究[J].西南民族大学学报(人文社科版),2016,37(09):91-98.

[30] FEMA. FEMA manual 8600. 7 [EB/OL]. [2021-09-15]. https://www. fema. gov/pdf/library/8600_7. pdf.

[31] FEMA. Stafford Act, as amended, and related authorities [EB/OL]. [2021-09-15]. https://www. fema. gov/sites/default/files/2020-03/stafford-act_2019. pdf.

[32] 陆灿,李勇男.美国应急管理情报工作溯源与发展[J].情报杂志,2021(12):14-22.

[33] 顾晶姝.日本灾害应急语言服务的实践与启示[J].浙江师范大学学报(社会科学版),2020,45(04):10-18.

[34] 颜佳华,王张华.数字治理、数据治理、智能治理与智慧治理概念及其关系辨析[J].湘潭大学学报(哲学社会科学版),2019,43(05):25-30+88.

[35] 吴勇军,薛禹胜,谢云云,等.台风及暴雨对电网故障率的时空影响[J].电力系统自动化,2016,40(02):20-29+83.

[36] Bansal N, Mukherjee M, Gairola A. Smart Cities and Disaster Resilience [M]. Singapore: Springer, 2016:109-122.

[37] 钟剑峰,王红军.基于5G和无人机智能组网的应急通信技术[J].电讯技术,2020,60(11):1290-1296.

[38] Alqahtani A, Abhishek R, D Tipper, et al. Disaster Recovery Power and Communications for Smart Critical Infrastructures [C]//2018 IEEE International Conference on Communications (ICC 2018). IEEE, 2018.

民营网络平台企业社会责任：现状、影响因素与推进机制[①]

包国强[②]　宋钦章[③]

【摘　要】 网络平台是数字化转型的重要依托，其企业社会责任是高质量发展的应然要求。目前，关于网络平台企业社会责任的问题尚在不断探讨之中，网络平台企业社会责任的影响因素及其影响机理尚未明确，有必要对其进行系统的探究和梳理。本研究在梳理网络平台企业社会责任现状的基础上，从案例出发，运用扎根理论方法归纳出网络平台企业社会责任的影响因素，运用专家打分法评价各因素的影响程度，并总结其影响机理。在此基础上，提出相应的推进机制，以期对规范网络平台社会责任履行具有参考意义。

【关键词】 网络平台；企业社会责任；现状；影响因素；推进机制

高质量发展是引领"十三五"期间经济建设成就的重要指南，时至"十四五"，高质量发展已不仅限于经济领域，而成为"对经济社会发展方方面面的总要求"[1]，其着眼点、出发点和落脚点在于坚持以人民为中心，与满足人民美好生活需要紧密结合起来[2]。数字化转型是高质量发展的重要驱动，是构建创新发展格局和提升人民服务水平的有力抓手。

网络平台作为数字化时代的新型主体，为现代数字化转型提供了重要依托，有学者用"平台化"来形容网络平台作为互联网基础设施渗入不同经济与生活领域的现象[3]。然而，这些"互联网基础设施"大多数被掌握在民营企业手中，虽然有利于提高数字经济活力，但也因为商业的逐利本性和粗放式发展而频频出现社会责任缺失问题。数字经济的高质量发展意味着让数字科技充分造福于人民，网络平台企业社会责任是高质量的应然要求。网络平台因汇集大量多边用户和连接多种社会资源而获得了外部性和公共性，相应的企业社会责任问题则表现出多重主体性、强危害性和治理复杂性[4]。目前，关于网络平台企业社会责任的问题尚在不断探讨之中，网络平台企业社会责任的影响因素及其影响机理尚未明确，有必要对其进行系统的探究和梳理，以为推进网络平台高质量发展提供有效决策。

---

① 本文系2021年度文化繁荣与社会发展基地决策咨询课题"上海推动文化产业数字化转型面临的问题与对策研究"、2021上海社联"数字时代文化产业高质量发展东方智库论坛"的阶段性成果。

② 上海大学新闻传播学院特聘教授、博士生导师，全球文化旅游产业与软实力协同创新研究中心执行主任。

③ 上海大学硕士研究生。

一、研究综述

网络平台借助互联网而极具传播力，因而兼具企业属性和媒体特征，大多数学者对其社会责任的探讨离不开企业社会责任和传媒社会责任两个角度，也离不开企业社会责任理论和传媒社会责任理论的引导。从企业社会责任角度看，学者们聚焦平台企业与传统企业的比较研究。肖红军等认为，平台企业社会责任的情境和内容具有双元性[5]，并概括了其社会责任实践范式[6]；以美团外卖为例，构建了其三个层次角色的社会责任生态系统[7]。阳镇等认为，平台企业社会责任面临新的组织情境、实践特征和成效构成维度，其责任实践也相应地从有限共享逻辑转向全面社会化共享逻辑[8]。易开刚等认为，平台语境下的企业社会责任问题已经从市场范畴上升到公共范畴，成为需要多中心协同治理的社会问题[9]。从传媒社会责任角度看，学者们关注平台的传播业务对企业社会责任的扩展。包国强等认为网络平台在运行中获得了媒体传播信息资源的实际性质，掌握着信息的控制权和监督权，所以它必须肩负起一个媒体的某些社会责任[10]。钟瑛等构建了搜索引擎网站的社会责任评估指标体系，并基于 6 家代表性样本考察了我国搜索引擎网站社会责任的总体状况[11]。王丽等对短视频平台传播失范进行了现象解读、原因分析和对策研究[12]。

迄今，我国学者对网络平台企业社会责任的研究文献数量有限，仅有的文献基于企业社会责任理论和传媒社会责任理论进行演绎，从履责情境、内容边界、实践范式等维度对网络平台社会责任进行解读，部分结合个案对评价体系、失范原因和治理对策进行深入探讨，但总体仍处在理论化阐释和一般性描述阶段，指导实践不足。基于上述研究成果，本研究从案例出发，研究网络平台社会责任的关键影响因素、影响程度及影响机理，并提出相应的推进机制，期望对规范网络平台社会责任履行有参考意义。

二、民营网络平台企业社会责任履行的现状

已有研究表明，网络平台是平台型企业与平台型媒体的耦合体。作为平台型企业，网络平台的网络外部性和零边际成本特性决定了其异于传统的市场竞争逻辑，利用正反馈效应吸引用户向大平台聚集，形成寡头化趋势[13]；作为平台型媒体，网络平台实际上是一个连接海量用户的信息中介机构，虽然没有生产新闻的合法资质，但已经具有了传播信息的能力和实质，并通过特殊的推荐机制影响着用户注意力。严格意义上说，不是所有网络平台都明显地具备上述特征，但这样的趋势已经反映在网络平台的发展进程中。网络平台的耦合体特征表明，探究其社会责任要充分结合企业社会责任理论和传媒社会责任理论进行再阐释。作为平台型企业，网络平台以生态系统的形态嵌入社会，不仅对平台系统内部各成员负有管理与协调职责，以维护系统健康运行，减少负外部性影响，而且要发挥平台系统的正外部性，成为整合和配置更多社会资源，以解决社会难题和提升服务能效的功能中枢[5-8]；作为平台型媒体，网络平台的媒介功能可作为其社会责任的逻辑起点，不仅要善用

媒介权力,全面、充分、及时、公正地反映社会现实和塑造正向价值的社会共识,而且要利用其网状结构和去中心化特性,成为公民理性表达和政治参与的公共领域[14-17]。

以上是对网络平台企业社会责任的应然性探讨,是结合企业社会责任理论与传媒社会责任理论的理想表达。而要真正认识网络平台企业社会责任,还应该从实际出发观察网络平台企业社会责任的履行现状,进一步探寻造成实然与应然之间落差的可能原因,以及从实然走向应然的可能路径。以下是对网络平台企业社会责任现状的梳理。

1. 市场:平台垄断阻碍公平竞争

在互联网平台市场进入存量角逐时代的形势下[18],大平台开始凭借垄断地位向小平台和老用户挖掘增长机会,"二选一""大数据杀熟""赢家通吃"等成为新形势下的竞争手段,破坏了公平竞争的市场环境。"二选一"是指平台凭市场霸权地位限制平台内经营者同时在其他竞争性平台上经营的不合理行为,侵犯了商家经营自主权并最终损害消费者的自主选择权;"大数据杀熟"又被称为价格歧视,是指平台企业通过大数据分析,对价格敏感型与非价格敏感型客户区别定价以获得溢价收益的行为,侵害了消费者的知情权和公平交易权;坐拥流量中心地位的大平台还具备了"赢家通吃"的能力,通过发展"副业"扩大自己的商业版图,挤压了小微企业的生存空间。

2. 权力:"数据霸权"危及公权力

网络平台垄断带来的负面影响不单纯局限于经济层面,还涉及政治层面,因为平台巨头所能掌控的数据规模和数据粒度甚至超过国家,这让它们区别于传统意义上的大公司[19],具有更大的私权力——"数据霸权"[20]。在公权力范围内,国家通过法律规制与政策实施等发挥强制性权力,通过议程设置与社会规范等发挥建制性权力,通过意识形态和文化教育发挥价值性权力[21];而在网络平台的私权力范围内,平台使用了更隐蔽的方式,即通过赋权个体和价值包装对用户数据"巧取豪夺",继而运用数据资源和算法工具对用户注意力甚至行为产生影响[22]。比如平台经过深度学习能预知用户喜好并推荐广告,还能根据性格特征为用户凭空制造欲望,甚至能通过内容的个性化推送影响用户的价值取向。

3. 安全:网络暴力和隐私泄露

网络平台的人性化界面设计降低了用户的入网门槛,去中心化的结构设计放大了用户的上网自由,但这些便利的背后也隐藏着巨大的网络安全隐患。其一是网络暴力风险,由于用户匿名和把关人缺失,现实中的法律体系和道德准则难以在虚拟空间中发挥作用,网络平台往往成为谣言的发酵池,甚至可能滋生更严重的网络暴力;其二是隐私泄漏风险,网络平台是除国家之外的新的监控者,记录用户的线上活动,甚至通过各种传感器记录用户的线下活动,并最终将这些记录转化为用于构建"用户画像"的大数据,一旦这些隐私信息被非法利用,或将对用户的人身安全造成威胁。

4. 文化:网络文化偏离主流价值观

网络平台丰富了人们的文化和娱乐生活,也造成了低俗文化的泛滥。在大众传播时代,传统媒体通过特殊的传播地位掌控着信息的解释权,专业媒体人的职业素养一定程度上对大众文化和主流价值观的塑造产生了积极的影响。网络平台是基于 Web 2.0 技术的网状传播结构，它迎来的是一个"庶民狂欢"的传播时代，普通民众被赋予面向公众表达的权利，作为精英代表的传统媒体权威被消解。然而问题是，部分文化素养薄弱的普通民众难以创造出真正优秀的文化，尤其是个别人使用污言秽语、无厘头恶搞等低俗手段吸引注意力的内容，不仅腐蚀了人们的心灵，更消解了主流价值观，尤其对处于价值观形成期的青少年产生不可逆的影响。

三、民营网络平台企业社会责任的影响因素

1. 研究设计与案例选择

本文结合扎根理论方法与专家打分法探讨网络平台企业社会责任的影响因素。选用扎根理论的原因是：目前缺少可以参照的关于网络平台企业社会责任影响因素的理论，扎根理论是一种从原始经验材料中生成理论的研究方法，可以通过全面搜集信息和层层递进式归纳形成对研究对象的整体性认识[23]；选用专家打分法的原因是：在扎根理论分析之后，需要进一步评价各网络平台企业社会责任影响因素的权重，而各因素作用机理复杂、部分因素难以量化，因而专家打分法在这里比较适用。

考虑到资料的丰富度和获取的难易度，案例选择集中于知名度较高的民营网络平台，包括：5 个主案例，阿里巴巴、腾讯、字节跳动、微博和哔哩哔哩；2 个辅案例，美团和知乎。其中，5 个主案例用于首轮的扎根理论编码，2 个辅案例则用于饱和度检验。为了使研究更具代表性，选择的案例分散于不同领域：阿里巴巴代表电商平台，腾讯和微博代表社交平台，字节跳动代表短视频平台和资讯分发平台，哔哩哔哩代表视频社区平台。

2. 基于扎根理论的案例分析

1）开放编码

一级编码负责将原始数据编码成为概念，再转化为范畴。研究者要对所有数据保持开放态度，并根据数据本身所描述的状态或过程来编码[24]。初始编码要紧密贴合原始材料，努力在每个资料片段中看到行动，尽可能使用能够反映行动的概念来描述[25]。在聚焦到范畴时，为剔除无关概念，本研究对存在两个及以上联系紧密的语句概念赋予范畴，最终归纳出了 51 个范畴，编码示例如表 1 所示。

表 1　开放编码示例表

部分原始资料片段	部分范畴
强化内容审核与安全管理，坚持正确的价值导向，确保平台上不出现淫秽色情、凶杀暴力等有害内容，不传播低俗、恶搞等不良内容	媒体责任
为了更好地将互联网平台的主体责任落实，公司成立了专门的平台责任研究中心	企业结构
发布《阳光行为准则》，明确内部各类违规行为的管理措施，将最严重的违规行为视为"高压线"	内部控制

(续表)

部分原始资料片段	部分范畴
利用市场垄断地位倒卖口罩这类关系着广大人民群众生命健康的保障物资,丧失了社会责任感,引发保障体系动荡	市场地位
在这些网络平台中,我们首先选取的途径肯定都是各类别中的老大,因为我们认为只有它最具公信力	公信力地位
月初,人民网三评《王者荣耀》,直指其对社会尤其未成年人带来的负面影响。事件发生后,社会关注度极高	媒体监督
作为"观点自由市场"的主流社交平台,因资本介入操纵"热搜榜"而遭约谈整改,其公共性的偏向广受争议	资本介入
很多企业家信奉的商业本质是释放人性,做产品就是为了尽可能地满足人性需要。这种对人性的拙劣认识和粗暴利用是偏颇和狭隘的	高管的社会责任认知
建立信用制度对用户进行管理,直接跳过用户身份审核,而是对用户在平台中的公共行为轨迹进行数据记录,设置行为红线,并对用户进行信用评级	用户审核
……	……

2) 主轴编码

主轴编码是将散乱的范畴进行分类、比较和综合,组织成主范畴的过程,它关心的是材料中各部分之间的逻辑联系,比如"哪里、为什么、谁、怎样以及结果如何"这些问题[26]。在这样的逻辑指引下,将开放编码得到的范畴连贯成一个有秩序的整体。主轴编码归纳出了18个主范畴,各主范畴与副范畴的对应关系如表2所示。

表2　主轴编码产生的主范畴以及对应的副范畴

副　范　畴	主范畴
经济责任;法律责任;伦理责任;慈善责任;科研责任;环保责任;股东利益;员工权益;用户期待;客户需求;公共期待	一般社会责任
媒体责任;网络生态责任	特殊社会责任
企业规模;经营绩效;企业发展阶段	经营情况
技术研发水平;技术服务能力	技术条件
高管的社会责任认知;员工的社会责任意识	高管或员工的社会责任认知
企业价值观;文化软实力	企业文化
发展战略;企业结构;内部控制;信息披露;责任模式	企业管理
市场地位;公信力地位	企业地位
竞争程度;行业标准或规范	行业竞争
政府监管;媒体监管;行业自律;大众舆论	外部治理

（续表）

副 范 畴	主范畴
民众观念；商业文明	文化环境
用户规模；用户活跃	平台基础
必需程度；可替代性	平台价值
资本介入；权力介入	外部介入
自媒体职业素养；用户媒介素养	用户素养
内容理念；技术理念	价值理念
算法规则；交互规则	界面规则
内容审核；用户审核	审核机制

3）核心编码

核心编码分析主范畴的本质并归纳核心范畴，并发现其与其他核心范畴之间的逻辑联系。核心范畴相较于主范畴而言更加抽象和概括，将整体连贯成为具有逻辑关系的脉络，最终形成理论。在确定核心范畴的过程中要注意：一是核心范畴要能够高度概括原始数据的内容，二是核心范畴与主范畴、副范畴之间有密切的层级关系和从属联系，不需要其他附加条件[27]。核心编码归纳出了 6 个核心范畴，各核心范畴与主范畴的对应关系如表 3 所示。

表 3　核心编码产生的核心范畴以及对应主范畴

主 范 畴	核心范畴
一般社会责任；特殊社会责任	社会责任
经营情况	经济基础
技术条件	技术基础
高管或员工的社会责任认知；企业文化；企业管理	内部环境
企业地位；行业竞争；外部治理；文化环境	外部环境
平台基础；平台价值；外部介入；用户素养；价值理念；界面规则；审核规则	平台情境

4. 饱和度检验

饱和度检验是验证理论真实有效性的必要手段，理论饱和就是指搜集新的数据也不再产生新的范畴。对两个辅助案例进行编码和分析后发现没有新的范畴产生，证明编码结果已达到较好的理论饱和度。

5. 编码结果分析

三级编码共归纳出了 6 个核心范畴、18 个主范畴，以及围绕主范畴的 51 个副范畴。将前面的系列分析整理归纳出一条完整的“故事线”，如图 1 所示。这里需要说明的是，“一般社会责任”“特殊社会责任”是网络平台企业社会责任的责任内容,而不是影响因素;平台情境中的价值理念、界面规则和审核机制是网络平台企业社会责任的表征,也不属于影响因素。本研究将上述几个因子纳入编码范围是为了方便系统性地认识各影响因素的作用机理。

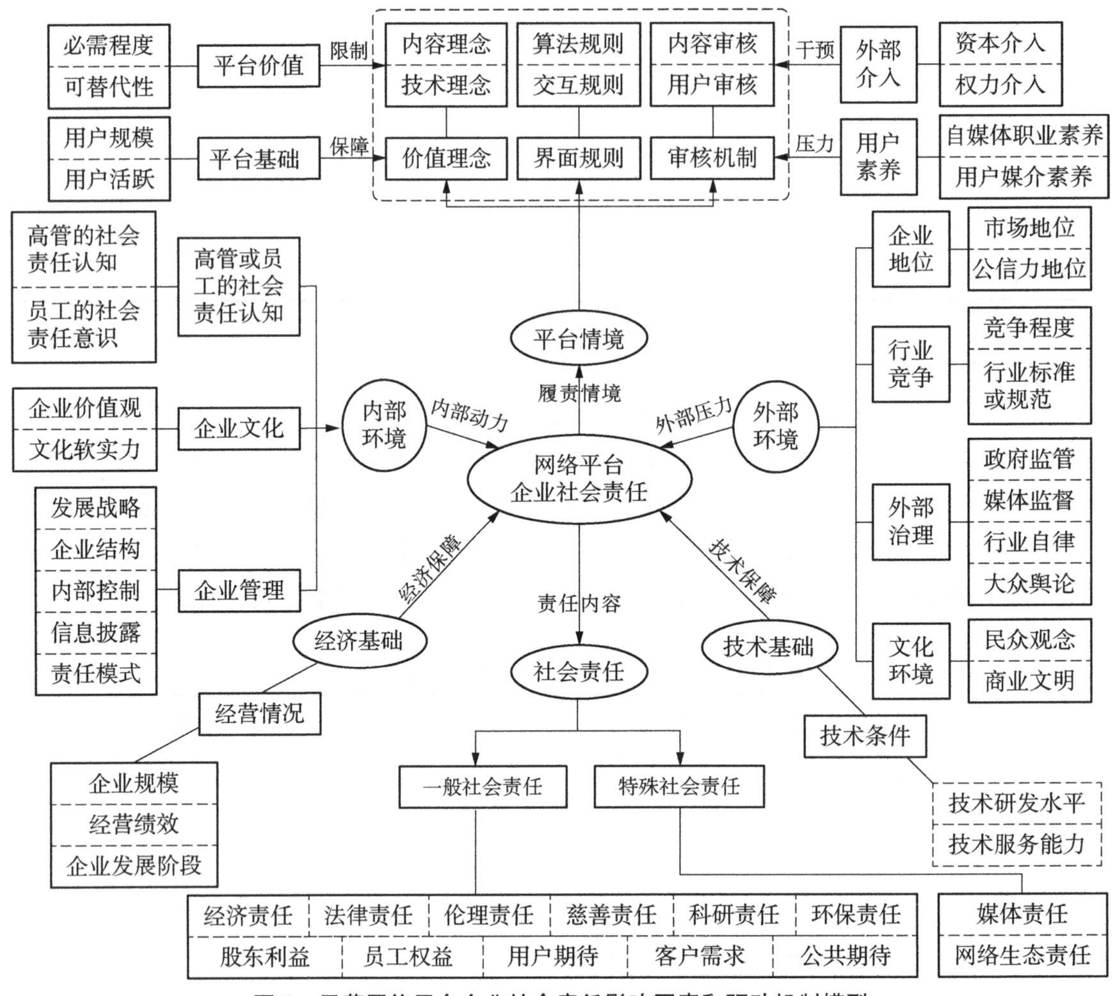

图 1　民营网络平台企业社会责任影响因素和驱动机制模型

3. 基于专家打分法的结果矫正

1)专家打分表的设计、发放与回收

本研究用专家打分法对网络平台企业社会责任的影响因素进行重要性评价。设计“网络平台企业社会责任影响因素评价调查表”,将扎根理论研究过程的三级编码作为参考指标。核心范畴、主范畴、副范畴分别对应打分表的一级指标、二级指标、三级指标,三个层级对应的指标数量分别为 5 个、13 个和 32 个。每个三级指标对应 5 个标度:“几乎不影响”“较弱影响”“一般影响”“较强影响”和“有明显影响”,分别记为 1 分、2 分、3 分、4 分和 5 分。向 60 位相关领域的专家发放调查表,回收问卷 60 份,有效问卷 47 份,问卷回收率和回收问卷有效率分别为 100%和 78%。

2）影响因素的重要性计算

为了集结所有专家的评价意见，先分别将每位专家的评分做归一化处理，得到各专家的权重意见；后计算各指标下所有归一化后得分的算术平均数，得到各指标的最终权重。设第 i 位专家对第 j 个因素的评分为 F_{ij}，则第 k 项指标的权重值可表示为 $w_k = \frac{1}{47}\left(\sum_{i=1}^{47}\frac{F_{ik}}{\sum_{j=1}^{32}F_{ij}}\right)$，使用该公式计算出各三级指标对总目标的权重。计算各二级指标下三级指标权重的算数平均数，并做归一化处理，得到各二级指标对总目标的权重。同样的方法，计算各一级指标对总目标的权重。为了便于观察和排序，将各级因素的权重值进行等距五分，由高到低分别标记"●""◕""◑""◔"和"○"，最终得到各级各指标对总目标的权重如表 4 所示。

3）专家打分法结果分析

由表 4 可知，在一级指标中，经济基础和外部环境的权重较高，是重要影响因素；平台情境权重仅次于前两者，是次级重要影响因素。在二级指标中，外部治理和外部介入是重要影响因素，经营情况是次级重要影响因素。在三级指标中，企业规模、政府监管、媒体监督、行业自律、大众舆论、资本介入和权力介入是重要影响因素，相比而言，企业发展阶段是次级重要影响因素。

表 4　网络平台企业社会责任各影响因素的权重

一级指标及权重	二级指标及权重	三级指标及权重
● 经济基础 21.935%	◑ 经营情况 8.461%	● 企业规模 3.882%
		◔ 经营绩效 3.090%
		◑ 企业发展阶段 3.209%
○ 技术基础 17.712%	○ 技术条件 6.832%	○ 技术研发水平 2.721%
		○ 技术服务能力 2.759%
□ 内部环境 18.602%	◔ 高管或员工的社会责任认知 7.818%	◔ 高管的社会责任认知 3.164%
		◔ 员工的社会责任意识 3.107%
	○ 企业文化 7.405%	◔ 企业价值观 3.074%
		◔ 文化软实力 2.866%
	○ 企业管理 6.827%	◔ 发展战略 2.951%
		○ 企业结构 2.664%
		○ 内部控制 2.808%
		○ 信息披露 2.541%
		○ 责任模式 2.728%

(续表)

一级指标及权重	二级指标及权重	三级指标及权重
● 外部环境 21.840%	○ 企业地位 6.943%	◔ 市场地位 2.891%
		○ 公信力地位 2.678%
	○ 行业竞争 7.066%	○ 竞争程度 2.683%
		◔ 行业标准或规范 2.985%
	● 外部治理 10.188%	● 政府监管 4.105%
		● 媒体监督 4.154%
		● 行业自律 3.974%
		● 大众舆论 4.113%
	◔ 文化环境 7.738%	◔ 民众观念 3.060%
		◔ 商业文明 3.147%
◑ 平台情境 19.911%	○ 平台基础 7.294%	◔ 用户规模 2.999%
		○ 用户活跃 2.852%
	○ 平台价值 6.955%	◔ 必需程度 2.894%
		○ 可替代性 2.685%
	◕ 外部介入 9.505%	● 资本介入 3.904%
		◕ 权力介入 3.721%
	○ 用户素养 6.968%	◔ 自媒体职业素养 3.033%
		○ 受众媒介素养 2.557%

4. 民营网络平台企业社会责任的影响因素及影响机理

1) 经济基础的影响机理

经济基础对企业社会责任影响是基础性的,为企业履行社会责任提供经济支撑。在其他条件稳定的情况下,经营情况对网络平台企业社会责任具有正向影响,经营情况越好的平台企业一般具有更优秀的社会责任表现。同时,企业经营状况和社会责任是相互影响的,企业积极履行社会责任有助于企业形象的升级,可以吸引消费并改善经营情况。图2展示了经济基础对网络平台企业社会责任的作用机理。

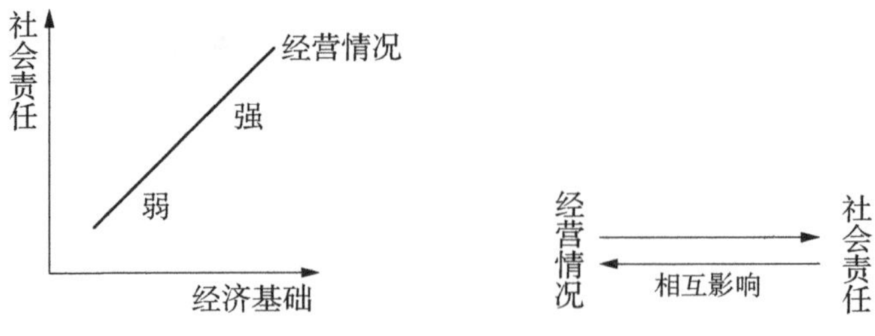

图2 经济基础的影响机理简图

2）外部环境的影响机理

外部环境因素对网络平台企业社会责任的影响不是决定性的，而是通过外部压力来促进或抑制企业社会责任的实践。在其他条件稳定的情况下，四个因素的作用方向一致，表现出对企业社会责任的正向影响。其中，企业地位、行业竞争对企业社会责任的影响并非单方向而是相互的。激烈的行业竞争更能促进企业履行社会责任，同时突出的社会责任表现对提升企业影响力和竞争力具有积极意义；企业为了获得更具优势的市场地位和公信力地位，需要有社会责任的背书，而已获得较高市场地位和公信力地位的企业也更具备履行社会责任的能力和意愿。外部环境因素的影响方向有时也是相反的，比如在一个市场竞争激烈而外部治理松散的环境下，投机的企业可能通过发布虚假信息获取竞争力，如此各外部因素的作用就可能相互抵消，这时就由内部因素来决定。图 3 展示了外部环境对网络平台企业社会责任的作用机理。

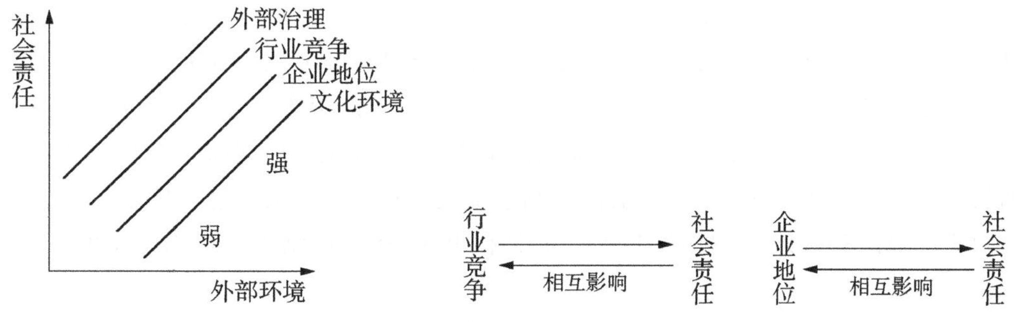

图 3　外部环境的影响机理简图

3）平台情境的影响机理

平台情境是平台履责的微观情境。在其他条件稳定的情况下，平台基础、平台价值和用户素养均表现出对企业社会责任的正向影响。其中，平台基础包括基础用户和活跃用户，两者通过注入流量为平台运转提供动能，是企业履责的基础支撑；平台价值包括必需程度和可替代性，虽然不对社会责任有直接作用，但平台价值不高的企业影响力有限，一定程度上限制了企业社会责任的正反馈效果；用户素养包括自媒体职业素养和受众媒介素养，职业素养高的自媒体倾向于生产高质量内容，媒介素养高的受众倾向于抵制低俗内容，两者若形成正反馈循环，将会使网络平台企业社会责任得到较理想的表现。

外部介入需要单独分析是因为外部资本介入和外部权力介入对企业社会责任具有相反的影响方向。资本常通过买热搜、养水军、删帖等手段操控舆论，对网络平台企业社会责任造成不利影响；政府通过权力干预与资本介入相抗衡，规范网络传播秩序。图 4 展示的是平台情境下的影响因素对网络平台企业社会责任的作用机理。

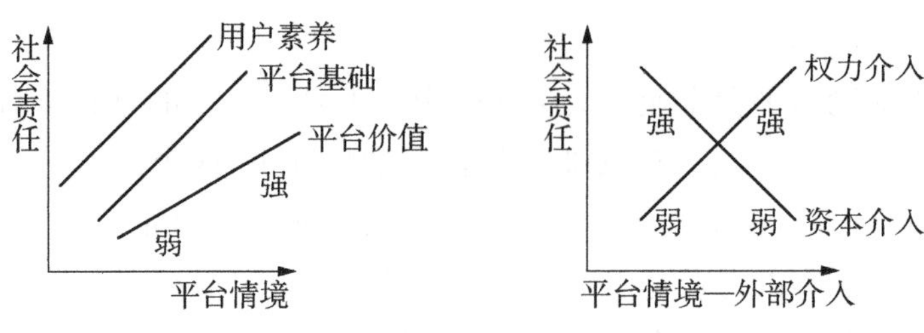

图4 平台情境的影响机理简图

四、民营网络平台企业社会责任的推进机制

1. 建立网络平台信用体系，强化信用监测

我国目前的社会信用体系建设正处于从制度化向法制化的过渡阶段和地方信用立法试点的经验总结阶段[28-29]，而网络平台的业务主要在互联网上进行，按照省份分布的信用管理体系无法对其形成有效监测，有必要有针对性地建立全国统一的网络平台信用体系，完善信用监测网络和强化信用监测力度。网络平台社会信用体系建设的目标包括基础性的社会信用法律法规和标准体系、全覆盖的征信系统、一体化的信用监管体制、数字化的信用监管平台、多样化的信用服务市场体系、高能效的守信激励和失信惩戒机制等[30-31]，需要相关政府部门以及社会组织团体共同参与、协同共治，确保网络平台信用体系的系统性和联动性。

网络平台信用体系的运行除了需要体系支撑还需要价值护航。采取媒体宣传、行业监管、学校教育等举措，塑造褒扬诚信、惩戒失信的社会规范和价值认同，形成信用向社会资本的转化机制，从而达到信用对市场主体的约束效果。同时，建立一个适合信用交易的市场环境，减少不确定性信息带来的摩擦性成本以提升市场运行效率[32]，开拓信用在反垄断规制等情境下的应用价值。

2. 推进网络平台企业社会责任报告制度，强化社会责任监督

网络平台企业具有较传统企业更复杂的社会责任内涵，需要建立专门的网络平台企业社会责任报告制度标准体系，体现出网络平台角色变化所对应的社会责任扩增部分。在网络平台企业内部成立专门的社会责任部门或专项小组，对社会责任管理进行顶层规划，定期开展社会责任教育和表彰工作，保障社会责任制度的贯彻落实。除了内部控制之外，公司的企业文化也要体现社会责任的内容，树立正确的责任理念和责任使命，确保核心价值观、企业愿景等与企业社会责任相协同。

为避免社会责任报告“走形式”“宁报喜不报忧”“自说自话”等现象，要结合网络平台的角色定位，引入第三方社会责任报告评价审验机制，对优秀报告进行公开褒扬，对虚假报告进行公开披露，强化市场对网络平台企业的约束功能。与此同时，要动员社会群众对网络平台企业社会责任进行监督，发挥广大用户群体的监督力量，与政府的上层规制力量相互配合，形成政府自上而下和用户自下而上的双向约束机制。

3. 开展网络平台社会责任立法，建立严密的政策法律体系

社会责任立法的初衷是为了解决公司发展中的不和谐问题[33]，网络平台社会责任立法是当下约束网络平台行为、规范市场秩序的合理之举。目前，我国关于企业社会责任的立法分散于《公司法》《劳动合同法》《食品安全法》《反垄断法》《反不正当竞争法》《消费者权益保护法》等之中[34]，导致企业无法对社会责任的具体内容形成完整性认识，监管部门也无法协调不同法律对同一行为涉及的社会责任进行适应性操作[35]。网络平台为社会责任相关立法提出了新情境和新要求，需要建立一套完善的企业社会责任法律体系，尤其是适应网络平台传播秩序的数据安全法、网络安全法以及个人信息保护法等，提升网络平台社会责任监督实践的可操作性和加强网络空间的安全性。

法制是用来界定企业社会责任的底线和普遍性要求的，而适应网络平台企业社会责任规制的特殊性和短期性要求，还需要严密的政策体系灵活补充。加强监管技术，利用现有科技实现精准监控，有效预防失范行为发生；完善监管策略，使事前预防政策与事后惩罚措施相配合；加大政策优惠向社会责任的倾斜，提升企业履责的主动性；将企业社会责任治理绩效纳入各级各地方政府的考核体系，发挥各地方治理单元的能动性和全国治理网络的协同性。

4. 因材施策进行社会责任治理，坚持“包容审慎”原则

社会责任治理应该尊重网络平台企业的成长规律和市场周期规律。当前存量竞争阶段更利于网络平台市场形成头部化格局，压缩中小微平台企业的生存空间。社会责任治理工作应密切关注大平台企业，防止“二选一”“大数据杀熟”等滥用垄断地位的不正当竞争行为发生，并基于权责匹配原则对其履责标准提出更高要求；对于中小微平台企业，应给予适当的政策宽容和税收优惠，在平衡企业生存和社会效益的前提下适度降低其履责标准要求。

需要补充说明的是，任何监管和归责的设定不能单纯依据市场份额来划分，而要以社会总体效率为衡量标准和目标[36]。因此，网络平台企业社会责任的监管治理工作还要坚持“包容审慎”的原则[37]，在新业态新模式不违反法律法规、不触及安全底线、不损害公共利益的前提下，应该鼓励民营企业创新，不干预其正常经营活动，让监管和治理工作真正为社会总体发展而服务。

5. 发挥主流媒体影响力，规范平台背后的资本力量

在网络平台成为最大信息枢纽的背景下，主流媒体仍然具备无可撼动的社会价值、政治价值和文化价值。前者要在开放环境中获得更多用户资源，通过提供服务来实现商业价值；后者则要在特定议题和人群中植入观念，通过价值引导完成社会整合[38]。主流媒体应该与网络平台互相衔接，同时把牢与巩固自己的舆论阵地，借助平台的互动传播渠道放大自己的影响力与亲和力，实现政策信息与网络民意的水乳交融[39]。

资本力量利用网络平台的智能推荐技术传播消费主义文化，容易使网络文化偏离社会主流价值观。主流媒体应警惕网络平台数据霸权向资本寻租，发挥媒体作为社会“瞭望塔”的神圣职能，监督网络平台的责任行为；同时要扛起文化责任和价值引导责任的大旗，塑造正能量的价值共识和文化认同。

参考文献

[1] 李永华.中国高质量发展之路——习近平总书记下团组重要论述[J].中国经济周刊,2021(05):10-11.
[2] 杨依军,黄玥.高质量发展"高"在哪儿? 习近平总书记这样解析[EB/OL].(2021-03-08)[2022-03-24].http://www.xinhuanet.com/politics/leaders/2021-03/08/c_1127181742.htm.
[3] Poell T, Nieborg D, van Dijck J. Platformisation [J]. Internet Policy Review, 2019,8(4):1-13.
[4] 宣博,易开刚.互联网平台企业的社会责任治理[EB/OL].(2018-03-27)[2022-03-24].http://www.cssn.cn/glx/glx_xzlt/201803/t20180327_3888331.shtml.
[5] 肖红军,阳镇.平台型企业社会责任治理:理论分野与研究展望[J].西安交通大学学报(社会科学版),2020,40(01):57-68.
[6] 肖红军,阳镇.平台企业社会责任:逻辑起点与实践范式[J].经济管理,2020,42(04):37-53.
[7] 肖红军,张力.社会责任生态系统:美团外卖履责范式的创新[J].清华管理评论,2020(12):101-110.
[8] 阳镇,尹西明.平台企业社会责任实践:新情境、新维度与新范式[J].清华管理评论,2020(12):88-95.
[9] 易开刚,黄慧丹.平台经济视阈下企业社会责任多中心协同治理模式研究——基于平台型企业视角双案例的研究[J].河南社会科学,2021,29(02):1-10.
[10] 包国强,黄诚,倪霜.网络平台社会责任治理研究综述——历程、问题与展望[J].媒体融合新观察,2020(05):59-62.
[11] 钟瑛,李秋华,张军辉.搜索引擎网站社会责任的现实考量与提升路径[J].现代传播(中国传媒大学学报),2016,38(10):130-137.
[12] 王丽,刘建勋.科技平台论的悖谬:短视频社交媒体的公共责任及其实现路径[J].现代传播(中国传媒大学学报),2020,42(09):36-41.
[13] Evans D S, Schmalensee R. Some Economic Aspects of Antitrust Analysis in Dynamically Competitive Industries [J]. Innovation Policy & the Economy, 2002,2(2):1-49.
[14] 阿特休尔.权力的媒介:新闻媒介在人类事务中的作用[M].黄煜,裘志康,译.北京:华夏出版社,1989.
[15] 董岩.新闻责任论[M].北京:人民日报出版社,2010.
[16] 金梦兰.媒体的社会责任[M].太原:山西人民出版社,2015.
[17] 许鑫.网络时代的媒介公共性研究[M].北京:人民出版社,2015.
[18] QuestMobile.2020 中国移动互联网年度大报告[R/OL].(2021-01-26)[2022-03-24].https://www.questmobile.com.cn/research/report-new/142.
[19] 摩尔,坦比尼.巨头:失控的互联网企业[M].魏瑞莉,倪金丹,译.杭州:浙江大学出版社,2020.
[20] 赫拉利.今日简史:人类命运大议题[M].林俊宏,译.北京:中信出版社,2018.
[21] 卢克斯.权力:一种激进的观点[M].彭斌,译.南京:江苏人民出版社,2012.
[22] 易前良.平台中心化:网络传播形态变迁中的权力聚集——兼论互联网赋权研究的"平台"视角[J].现代传播(中国传媒大学学报),2019,41(09):6-12.
[23] Corbin J M, Strauss A L. Basics of Qualitative Research: Techniques and Procedures for Developing Grounded Theory [M]. London: Sage Publications, 2007.

[24] 陈向明. 扎根理论的思路和方法[J]. 教育研究与实验，1999(04)：58－63＋73.

[25] Charmaz K. Constructing Grounded Theory: A Practical Guide through Qualitative Analysis [M]. London: Sage Publications, 2006.

[26] Creswell J W. Qualitative Inquiry and Research Design: Choosing Among Five Approaches [M]. Thousand Oaks, CA: Sage, 2013.

[27] 刘天阳. 基于扎根理论的制药企业社会责任影响因素及治理策略研究[D]. 石家庄：河北地质大学，2019.

[28] 周雨. 社会信用立法的地方立法实践与路径选择[J]. 征信，2020，38(12)：7－16.

[29] 于晓航. 反思与展望：社会信用地方立法现状的检视[J]. 黑龙江工业学院学报(综合版)，2020，20(11)：126－132.

[30] 国务院. 国务院关于印发社会信用体系建设规划纲要(2014—2020年)的通知[R/OL]. (2014－06－14)[2022－03－24]. http://www.gov.cn/zhengce/content/2014-06/27/content_8913.htm.

[31] 韩家平. 信用监管的演进、界定、主要挑战及政策建议[J]. 征信，2021，39(05)：1－8.

[32] 齐志. 基于电子商务信用信息服务体系建设与运行机制研究[D]. 长春：吉林大学，2008.

[33] 张乐. 论我国公司社会责任立法的完善[J]. 特区经济，2010(07)：246－248.

[34] 罗安. 论我国企业的社会责任立法[J]. 哈尔滨学院学报，2016，37(09)：76－80.

[35] 华忆昕. 企业社会责任的责任性质与立法选择[J]. 南京师大学报(社会科学版)，2018(06)：109－117.

[36] 王勇，戎珂. 平台治理：在线市场的设计、运营与监管[M]. 北京：中信出版社，2018.

[37] 符仲明. 激发市场活力包容审慎监管[EB/OL]. (2019－08－09)[2022－03－24]. http://www.ce.cn/xwzx/gnsz/gdxw/201908/09/t20190809_32857416.shtml.

[38] 喻国明. 主流媒体与互联网平台的关系[N]. 中国社会科学报，2021－05－06(007).

[39] 王君超. 主流媒体微博：如何打通"两个舆论场"？[J]. 中国记者，2013(10)：7.

虚假信息话语框架与情绪互动研究①

向安玲② 沈 阳③ 周亦桥④

【摘 要】 虚假信息已成为国际舆论博弈中的一颗“毒瘤”,铲除谎言毒瘤、截断污名毒流对于建构国际话语权、制胜舆论战至关重要,但相关研究尚属空白。本文从议题—框架—结构—效果四维联动视角出发,对929条虚假信息和30 264条受众反馈进行大数据挖掘与多维编码。发现虚假信息核心议题从“内政”转向“外交”,外交方面通过塑造“破坏者”“威胁者”“因祸得利者”角色以激发受众“愤怒”情绪,内政方面通过塑造“专制者”“暴政者”“权力寻租者”角色以激发受众“厌恶”情绪;在政治内嵌和资本操纵影响下,聚焦“冲突”的“片段式”框架传播范围最广,“公共安全”取代“自由人权”成为主导价值框架,对抗性、接近性、具象化框架成为负面情绪催化剂。

【关键词】 虚假信息;话语框架;情绪互动;传播效果

舆论博弈已成为大国战略博弈的核心领域,从政治对抗、经济摩擦、文明交锋到意识形态冲突,多层次博弈加剧了全球舆论场中的对立与撕裂。尤其是在后真相时代,相较于陈述客观事实,诉诸情感和个人信仰的信息更容易塑造和引导舆论[1]。在各类情感信息诱导下,公众认知网络与客观真实之间出现偏差,这种偏差在社交媒体平台被进一步扩大,导致各类“黑天鹅”事件和虚假新闻频发[2]。研究表明,2014年以来社交媒体上的虚假信息就已经在经济和国际关系等的议题上具有重要的议程设置能力[3]。通过虚假信息对人物、机构、国家进行污名化,进一步实现政治和经济目的已成为舆论博弈中的常用手段。

在国家之间舆论博弈趋烈的背景下,虚假信息在各大全球性社媒平台大量涌现,其在议题选择、素材收集、框架构建上呈现出明显的“套路”,但在刺激受众情绪、激活传播链条、转移舆论焦点、混淆受众视听、强化刻板印象上仍“屡试不爽”。在大数据、人工智能、社交机器人等媒介技术加持之下,虚假信息的生产、传播和交互进一步加码,从虚假信息、虚假

---

① 本文系国家社会科学基金重大项目“基于机器博弈的网络信息传播安全多准则动态管控策略研究”(项目编号:19ZDA329)的阶段性研究成果。

② 清华大学新闻与传播学院博士研究生。

③ 清华大学新闻与传播学院教授、博士生导师。

④ 北京人大附中西山学校学生。

影像到虚假数据再到虚假流量，其中衍生的舆论风险和意识形态风险加剧。在此背景下，了解虚假信息的内容特征、传播规律和效果机制具有深刻的现实意义。

一、文献回顾

本文以虚假信息作为分析对象，对其"话语框架"进行多维编码，进一步对其用户交互和情绪激发效果进行探讨。其中涉及关键概念及理论支撑如下：

1. 西方国家层面的虚假信息

西方主流媒体的国家层面报道往往是两国关系在媒介层面的映射，双边关系的交好与交恶，往往决定着媒体报道的客观性与倾向性。在双方关系趋于合作的背景下，西方媒体一般能遵循新闻规律进行客观报道，但一旦涉及国家利益与政治经济目的，特别是在双方关系趋于紧张的背景下，媒介报道的倾向性和选择性偏见便会凸显[4]。尤其是在部分重点议题上，西方主流媒体的报道存在典型西方中心的偏见性认知，在议题选择和框架构建上存在明显的断裂[5]。相比于媒体报道，网络舆情信息的偏见性更为突出。在西方国家掌控的全球性传播话语空间中，网络舆论仍延续了传统东方主义话语的内涵，霸权国家通过传播资源和话语操控，将有关国家塑造成专制主义、人权问题突出、对西方充满威胁的形象，并基于社交媒体"核心—边缘"的传播结构主导着全球网络空间中的舆情景观[6]。而在这种负面主导、圈层化、两极分化的舆情景观中，虚假信息更容易裹挟着舆论偏见和情绪进行传播，具备较强的隐蔽性和误导性。虽然目前学界关于虚假信息分析尚属空白，但其所呈现出的议题特征与舆情趋于一致，本文结合媒体报道相关研究和样本概况，将虚假信息分为五类：威胁论、人权/专制、领土争端、新冠肺炎疫情、社会问题。

2. 话语框架

框架(frame)是一种认知和呈现事物的架构，通过对事物素材的选择性加工，可以凸显特定内涵和传递特定思想[7]。在全球舆论博弈中，话语框架对于揭示事物背后的意义、影响受众感知[8]、引导公共舆论以及重塑公共关系[9]都具有重要意义。在议题全球性传播的过程中，受限于利益取向和文化背景，不同国家地区的媒体所采取的框架也有冲突[10]。不仅是西方主流媒体，在西方社交媒体平台，影视及游戏平台甚至百科词条平台中，对有关国家形象的再塑都采取了"他者"视角，以西方中心主义的话语框架强化了对有关国家形象的偏见性认知[11]。而虚假信息所采取的话语框架也同样延续了西方刻板印象和选择性偏见。

本文从叙事视角、价值归因、新闻属性三方面对国家层面虚假信息的框架进行编码。其中，叙事视角参考了尚托・艾扬格(Shanto Iyengar)[12]提出的主题式框架(thematic frame)和片段式框架(episodic frame)，前者侧重于从宏观社会视角进行叙事，而后者则侧重于对具体事件和个体进行刻画；价值归因参考托马斯・纳尔逊(Thomas Nelson)[13]所提出的公民自由框架(civil liberty frame)和公共安全框架(public order frame)，对虚假信息中所涉及的价值批判进行归类；此外，新闻属性框架参考文森特・普莱斯(Vincent Price)等人[14]的四类划分，分别是冲突框架(conflict frame)、趣闻框架(human interest frame)、人物框架(personality frame)和后果框架(consequence frame),即相关信息通过冲突制造、趣味挖掘、人物刻画和后果阐释去强化新闻属性以吸引大众注意力。具体编码规则如表1所示。

表1 虚假信息话语框架编码

框架类型		编码规则
叙事视角	主题式框架	从宏观社会视角对问题进行阐述,无具体人物/机构指向
	片段式框架	针对具体事件、具体人物、具体动作等进行描述
价值归因	公民自由框架	将问题归类到公民自由、人权等个人主义价值范畴(问题定义及道德评价)
	公共安全框架	将问题归类为公共安全等集体主义价值范畴(问题定义及道德评价)
新闻属性	冲突框架	重点强调个人、机构、种族或国家间的分歧和矛盾
	趣闻框架	重点突出新奇、有趣、吸引人眼球的亮点
	人物框架	针对重点人物进行刻画以反映某问题或推断出特定结论
	后果框架	强调事件或行为的后续影响(包括政治、经济、社会民生等多方面)

二、研究问题与方法

1. 研究问题

基于以上理论及概念,本文拟从国家层面议题—话语框架—叙事结构—传播效果四维联动视角,对虚假信息不同维度之间进行交叉分析,以探索不同议题在传播过程中,分别采用了哪些框架,呈现出了哪些反叙事和泛污名化特征,又分别取得了怎样的传播效果。通过对议题、框架、污名对象、叙事结构和用户反馈之间的关联匹配,把握不同虚假信息的传播规律,尤其是对高热度、强反馈的信息进行特征提取,从而为虚假信息的及时辨别和风险防范提供理论支撑和实践参考。具体来看,逐层围绕以下三个问题展开研究:

1) 虚假信息议题

虚假信息在议题分布上呈现出什么特征?主要集中在哪些领域?什么议题最容易引发受众关注?什么议题信息被认为可信度高?

2) 虚假信息框架

虚假信息主要采取了哪些话语框架?不同的议题在框架选择上存在什么样的差异?

3) 虚假信息传播效果

不同议题和框架在激发用户情绪反馈上有什么差异?针对不同议题,分别采取什么话语框架可以取得最佳传播效果(最大关注度)?

2. 研究方法

本文采取框架分析方法,对谷歌事实查证工具(Google Fact Check Tools)上所检索到的虚假信息进行传播数据挖掘与编码分析。采样过程中,以2019年1月1日—2020年10

月 30 日作为采集时间区间，以相关国家作为文本关键词，采集字段包括发布主体、发布时间、文章标题、内容摘要、查证平台、查证标签。初步筛选得到涉华虚假信息共 1 401 条，通过人工细读筛选去除重复、歧义、低关联度等无效信息，最终整合获取有效信息 929 条(样本 1)。为了进一步分析虚假信息在社交媒体平台上的传播效果，本文在样本 1 中筛选出 123 条来自 Twitter 且有效评论大于等于 1 的信息(样本 2)，并针对样本 2 在推特平台上的评论和点赞、转发数据进行采集，共得到 30 264 条评论信息。

在完成采样后，面向样本 1 进行议题类别、话语框架和反叙事策略编码。针对样本 2 评论内容中的用户情感反馈和态度倾向进行编码，每条信息抽取热度排序前 100 的评论，运用清博大数据(www. gsdata. cn)提供的七大情绪分析接口对评论进行语义识别，得出每条信息的情感类型分布。情感维度包括①嘲讽②愤怒③惊奇④恐惧⑤厌恶⑥悲伤⑦赞扬，同时人工对各类情感的指向对象进行编码，筛选出指向相关国家主体的情感表达信息，将占比最大且指向相关国家的情感类别编码作为该条信息的情感类型。需要注意的是，本文研究重点在于虚假信息对全网网民对相关国家态度的影响，部分评论虽有情感表达，但不涉及网民对相关国家的态度。最后，本文抽取评论内容中反映出来的受众信任度进行编码，包括①信任②质疑③不信任三类，将占比最大的态度倾向作为该条信息的信任度编码(如某信息有 60%评论表达了质疑，20%表达了相信，20%表示不信，则该信息的可信度编码为②质疑)。

三、研究发现

1. 虚假信息多鼓吹“威胁论”，激发受众“愤怒、厌恶”情绪反馈

1) 从“内政”转向“外交”的泛污名化传播

近两年以来伴随着国家博弈和全球政治经济态势转变，虚假信息相关议题越来越趋向双边及多边关系范畴。从早期对国家内政的污名化，转向对国家外交问题的诋毁。从议题分布来看，威胁论(41. 54%)相关虚假信息声量最大，通过对军事策略(以边境威胁为主)、经济发展(强调对产业和就业的威胁)、政治主张(包括意识形态)和科技应用(以“信息窃取”为主论调)等多方面的威胁性进行渲染夸大，建构“侵略者”“威胁者”“偷窃者”的角色。其中来自美国和印度的敌对声量最大，相关国家边境冲突中有关军事威胁的论调更是形成传播高峰。

此外，新冠肺炎疫情(38. 18%)作为全球性热点，也成为大量虚假信息借力传播的抓手。此外，关于人权/专制(9. 00%)、社会问题(6. 94%)、领土/主权(4. 34%)的虚假信息也是周期性出现。其中人权/专制污名化主要集中在种族宗教领域，警民、官民冲突也成为虚假信息聚焦点。而在领土/主权问题层面，包括相关区域的争端始终是国际社会关注热点，虚假信息则侧重渲染有关国家官方在相关地区的政治和军事动作，以“暴政者”“破坏者”角色污名中伤有关国家国际形象。

2) 国际受众对“外部威胁”的“愤怒”和对“内部治理”的“厌恶”

从受众情绪反馈来看，“愤怒”“厌恶”“嘲讽”类情绪表达最为频繁。针对“威胁论”议

题,受众在虚假信息诱导下最易产生"愤怒"情绪(70.27%),尤其对于在边境问题上的"军事威胁"表达了强烈的不满;对于"经济威胁"和"科技威胁"相关虚假信息,国际受众的"愤怒"主要指向了"窃取发达国家成果"和"部署间谍软件"等虚假信息;而对于"政治威胁"和"意识形态威胁",西方受众普遍以二元对立视角看待有关国家的政治体制,对于有关国家价值体系表示"厌恶",对其潜在威胁表示"愤怒",同时部分虚假信息指责"有关国家干涉其他国家选情和内政"也诱导了大量愤怒情绪。

对于"新冠肺炎疫情"相关虚假信息,受众同样以"愤怒"情绪为主,认为"相关国家应该为疫情的全球化扩散和经济损失负责"。此外,部分渲染有关国家极端化疫情管控措施和夸大疫情数据的虚假信息,激发了大量"惊奇"类情绪反馈。除此之外,部分虚假信息刻意渲染疫情中的医患矛盾和社会冲突,部分受众对涉事主体也表达了"赞扬"情绪。虽然有关国家疫情防控效果在世界范围内处于领先水平,但所有虚假信息均有意忽略了这一点,通过将有关国家塑造为"阴谋者""获利者"形象以激发全球受众负面情绪评价(见表2)。

表2　不同议题虚假信息受众情感反馈 (%)

	人权/专制	社会问题	新冠肺炎疫情	威胁论	领土/主权
厌恶	52.94	20.22	18.75	13.51	50.00
愤怒	29.41		31.25	70.27	
悲伤	11.76			2.70	12.50
恐惧	5.88	10.00		2.70	
嘲讽		50.00	12.50	8.11	25.00
惊奇		20.00	25.00	2.70	12.50
赞扬			12.50		

随着全球网民媒介素养的提升,加之部分虚假信息的程式化、套路化传播,受众对于虚假信息的信任度有下降趋势,各议题平均信任度不到50%。其中,对于"威胁论"相关虚假信息,受众的信任度最高(56.92%),尤其是在愤怒、厌恶等情绪诱导下更易被虚假信息所蒙骗;对于"人权/专制"议题相关信息的信任度次之(55%),其中涉种族宗教类虚假信息更容易诱导人相信,而涉及警民/官民冲突的信息更易被受众质疑;相比之下,受众对"新冠肺炎疫情"相关虚假信息的信任度最低(26.32%),相关伪科学和政治甩锅行为受到了普遍质疑(见图1)。

2. 聚焦"冲突"的"片段式"框架传播范围最广,"公共安全"成为主导价值框架

1) 议题属性主导下的框架选择

不同议题的虚假信息在框架选择上呈现出差异化特征。从报道视角来看,聚焦于微观视角和个例叙事的片段式框架占据主导(70%),而偏向宏观叙事的主题式框架较少被采用。其中,"领土/主权"(90.00%)和"威胁论"(81.20%)相关虚假信息大量聚焦于军事

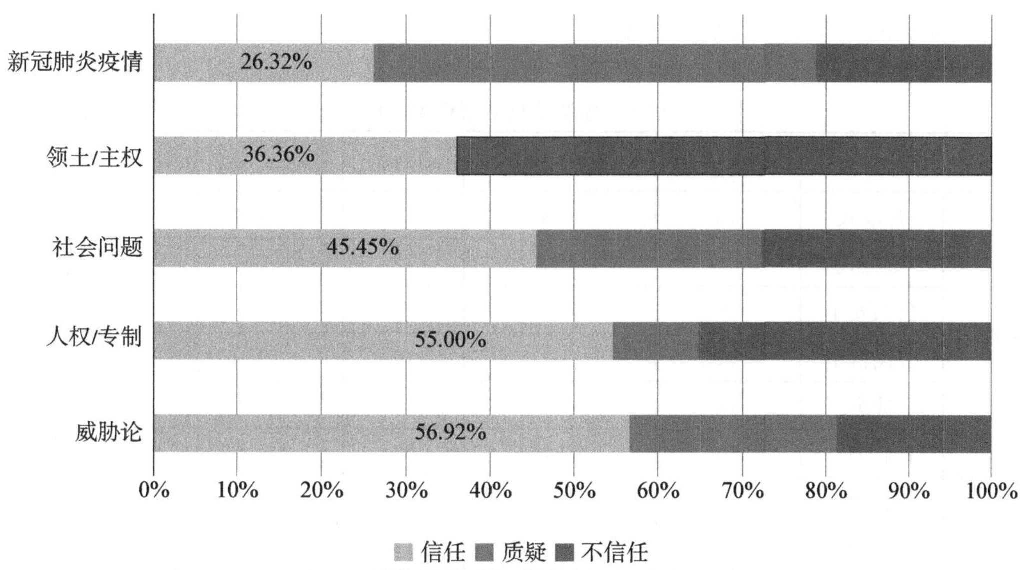

图 1 不同议题虚假信息受众信任度反馈

动作和外交行为，同时强化渲染“抗议者”“受害者”的形象，以具象化的描述激发情感共鸣；而“社会问题”(82.81%)和“人权/专制”(69.88%)相关虚假信息则聚焦于内部矛盾，着重描绘不同主体之间的对立冲突和权力不对等，以污名化政治体制和政府治理能力。

从价值归因框架来看，在全球化发展背景下“公共安全”成为虚假信息主导性框架(67.63%)。除了“人权/专制”议题之外(“公民自由”框架为主，65.06%)，其他议题都侧重于诋毁相关政治、经济、军事、外交等行为，对国内乃至世界范围内公共秩序的稳定和安全带来的影响。尤其是“新冠肺炎疫情”相关虚假信息大量采用“公共安全”框架(95.45%)，诽谤公共安全治理体系和治理能力的同时，中伤对全球秩序带来的破坏。“威胁论”议题则多通过“公共安全”框架(92.39%)污蔑对世界和平稳定发展带来的潜在冲击。

从虚假信息的新闻属性来看，“冲突”(55.01%)和“后果”(37.36%)框架最为常见。在“领土/主权”(92.50%)“威胁论”(73.75%)“人权/专制”(58.54%)相关虚假信息中“冲突”框架多用以强化双边及多边关系间的对抗性，及内部不同区域、种族、宗教及阶级之际的矛盾。而在“新冠肺炎疫情”(85.51%)相关虚假信息中则较多“后果”框架强调动作带来的后续影响。此外，“趣闻”框架(5.87%)和“人物”框架(1.76%)主要用以讪谤文化陋习和污名相关人物(见表 3)。

2) 差异化框架的互补性传播策略

框架的选择直接影响信息传播范围和交互效果(见表 4)。从报道视角来看，片段式框架以具象化、故事型的表达去吸引受众，整体传播覆盖面更广，激活了更多受众交互参与；但受限于信源影响力，其平均传播效果不及主题式框架。采取片段式框架去造谣的信源多为自媒体和普通网民，而对于政要、专家等权威人士而言，则更多采取宏观层面的主题式框架,以虚假数据和偏激性表达去引导舆论,信源本身的影响力促进了虚假信息的传播力,使得主题式框架的篇均交互量更胜一筹。

表3　虚假信息话语框架选择

框架		人权/专制	新冠肺炎疫情	威胁论	领土/主权	社会问题	汇总
叙事视角	片段式	58	188	311	36	53	646
	主题式	35	164	72	4	11	276
价值归因	公共安全	29	336	352	20	41	778
	公民自由	54	16	29	19	23	141
新闻属性	冲突	48	45	281	37	24	435
	后果	30	301	75	3	24	433
	趣闻	2	3	10		15	30
	人物	2	3	15		1	21

从价值取向来看,采取“公共安全”框架的虚假信息平均点赞量更高,而采用“公民自由”框架的信息平均转发扩散度更强。此外从新闻属性来看,“冲突”框架传播扩散度和信众认同度普遍都更高,更容易聚集用户注意力,在激发受众情绪化表达上也更具诱导性。

表4　不同框架虚假信息传播交互数据

框架类型		平均转发量	平均点赞量	总转发量	总点赞量
叙事视角	片段式	1 363.73	1 974.95	154 102	223 169
	主题式	1 877.76	7 104.28	46 944	177 607
价值取向	公共安全	1 084.35	3 205.72	113 857	336 601
	公民自由	2 724.38	2 003.63	87 180	64 116
新闻属性	冲突	1 907.59	3 751.32	171 683	337 619
	后果	697.23	1 526.79	27 192	59 545
	趣闻	289.25	265.00	1 557	1 060
	人物	118.00	395.00	472	1 580

3) 具象化、接近性、对立性成为虚假信息激发情绪反馈的框架要素

整体而言,各类框架在诱导受众信任度上差异不大,片段式框架和公共安全框架稍胜一筹(见图2、表5)。在受众情绪反馈层面,具象化的片段式相比主题式框架,通过更加接近民生和感官体验的表达方式,更易激发多元情感表达;公民自由框架通过强化价值对立、排斥“异端”去激发受众“厌恶”感(53.85%),而公共安全框架通过责任转移、错误归因去引导

受众“愤怒”表达（52.54％）；与此相对应，“后果”框架着重塑造“破坏者”“另类者”的形象以诱导国际受众“厌恶”（29.17％），而“冲突”框架着重诋毁“威胁者”“霸权者”形象以激发受众“愤怒”情绪（50.88％）。此外，“趣闻”和“人物”框架下的虚假信息通过杜撰中国传统习俗和重点人物的丑态、窘态，以诱导受众“嘲讽”情绪（66.67％）。

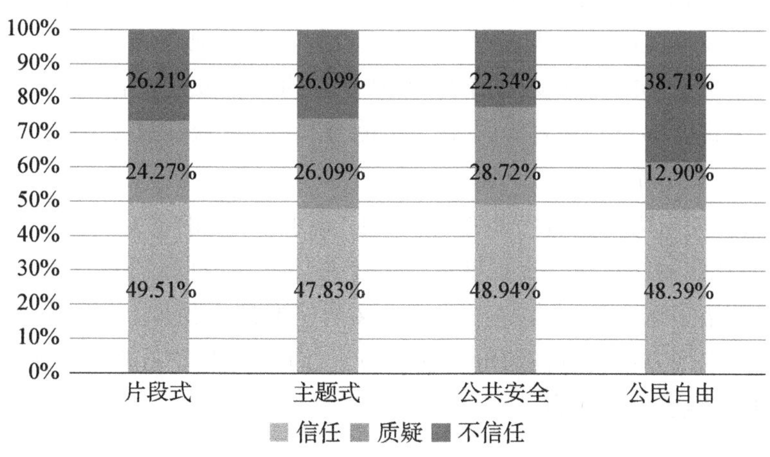

图2 不同框架虚假信息受众信任度

表5 不同框架虚假信息受众情感反馈（％）

情绪	叙事视角		价值取向		新闻属性			
	片段式	主题式	公共安全	公民自由	冲突	后果	趣闻	人物
悲伤	4.41	5.56	3.39	7.69	5.26	4.17	0.00	0.00
嘲讽	14.71	11.11	13.56	11.54	10.53	16.67	66.67	66.67
愤怒	39.71	50.00	52.54	19.23	50.88	25.00	0.00	33.33
惊奇	10.29	5.56	11.86	3.85	5.26	16.67	33.33	0.00
恐惧	4.41	0.00	3.39	3.85	1.75	8.33	0.00	0.00
厌恶	26.47	27.78	15.25	53.85	26.32	29.17	0.00	0.00

四、结论与讨论

综上所述，虚假信息在议题选择、素材收集、框架构建、叙事结构、渠道背书和信众引导上呈现出同质化、程式化和套路化的特征。基于微观视角和个体叙事的片段式框架，在情绪渲染和视觉造假的加持下，成为涉华虚假信息传播的最佳切入口。尤其是涉及公民自由和民主体制等议题时，通过强化具体人物之间的权力差异和现实冲突，将党民、官民、宗教、贫富等不同群体之间二元对立化，刻意扭曲和夸大弱势群体的利益诉求与情感表达，以形成情感共鸣激活传播链条。在外交议题上，基于公共安全和冲突框架的“威胁论”贯穿了军事、政治、经济、科技等多个领域,尤其是在新冠疫情和中印边境冲突等社会热点背景下,出于政治操纵目的相关虚假信息频发,不断强化"威胁者""进攻者""欺骗者""破坏者"负面形象,由此引发的民族主义情绪也成为助力虚假信息传播的隐性屏障。此外,通过多模态素材的蒙太奇式拼接和情感渲染,反叙事结构成为虚假信息的常见模式,图片、视频等视觉素材的错位使用更是增加了信息辨别难度。在受众情绪反馈层面,针对外交相关议题,受众更多持愤怒情绪,而针对内部治理和社会民生问题,则更多地表达了厌恶和嘲讽情绪。当然,并非所有虚假信息都能诱导受众信服,尤其是政府官方发布的涉疫问题和双边冲突信息,往往被指责为将内部矛盾转移至外部的策略性操作,受众在反复接收类似信息后也会对内产生厌倦和斥责情绪。

除了上述传播要素需要做进一步挖掘,关于"虚假信息"的鉴定权也值得进一步探讨。新闻真实性和客观性的判断在一定程度上受限于主体的价值取向和利益诉求,不仅涉及媒介伦理范畴,还有诸多现实障碍有待突破。本文所研究样本虽取自独立运作、中立性的事实核查机构,但仍以西方组织机构的价值判断为主,尚缺乏更多元的话语视角,这些都有待进一步从理论和实践层面去探索。

参考文献

[1] 胡泳.后真相与政治的未来[J].新闻与传播研究,2017(04):5-13.

[2] 史安斌,王沛楠.议程设置理论与研究50年:溯源·演进·前景[J].新闻与传播研究,2017(10):13-28+127.

[3] Vargo C J, Guo L, Amazeen M A. The agenda-setting power of fake news: A big data analysis of the online media landscape from 2014 to 2016[J]. New Media & Society, 2018,20(5):2028-2049.

[4] 何霞.《纽约时报》涉华报道研究[D].广州:暨南大学,2004.

[5] 史安斌,王沛楠.断裂的新闻框架:《纽约时报》涉华报道中"扶贫"与"人权"议题的双重话语[J].新闻大学,2019(05):1-12.

[6] 龚为纲,朱萌,张赛,罗教讲.媒介霸权,文化圈群与东方主义话语的全球传播——以舆情大数据GDELT中的涉华舆情为例[J].社会学研究,2019(05):138-245.

[7] 孙彩芹.框架理论发展35年文献综述——兼述内地框架理论发展11年的问题和建议[J].国际新闻界,2010(09):18-24.

[8] Hallahan K. Seven model of frame: Implications for public relations [J]. Public Relations Research, 1999,11(3):205-242.

[9] Knight M G. Getting past the impasse: Framing as a tool for public relations [J]. Public Relations Review, 1999,25(3):381-398.

[10] 张莉,蒋淑君,宋晶.新闻框架如何影响"一带一路"传播效果:一项中外比较的实验研究[J].新闻记者,2019(06):47-58.

[11] 甘莅豪,关永路,费瑾."民族冲突"与"恐怖袭击":维基百科全书中的数字话语框架——以昆明"3·1"事件和伦敦"6·3"事件为例[J].新闻与传播研究,2019(04):69-88+129-130.

[12] Iyengar S. Framing responsibility for political issues: the case of poverty [J]. Political Behavior, 1990,12(01):19-40.

[13] Nelson T E, Clawson R A, Oxley Z M. Media framing of a civil liberties conflict and its effect on tolerance [J]. American Political ence Association, 1997,91(03):567 - 583.
[14] Price V, Tewksbury D, Powers E. Switching trains of thought: the impact of news frames on reader's cognitive responses [J]. Communication Research, 1997,24(05):481 - 506.

"去迷信"化传播机制研究：跨媒介叙事下的日本妖怪文化

刘　凯[①]　陈海章[②]

【摘　要】 本研究通过对日本妖怪文化的回溯与分析，探讨了日本妖怪文化在全球文化输出中的"去迷信"化过程与传播机制。首先，妖怪起源于原始的自然崇拜，因其打破时空的想象性而与现代科学的理性精神相悖，被定性为一种迷信，但在日本独特的国情下妖怪学的兴起使妖怪从口耳相传的民间传说发展成为文化风潮。其次，日本妖怪成为跨媒介叙事的对象，相关题材动漫、游戏等作品利用跨媒介叙事的方式突破了妖怪的迷信性，展现了媒介间的共生融合与多维呈现态势，走向了"去迷信化"的传播道路。最后，在跨媒介叙事的过程中，粉丝群体在多种媒介之间利用共同的"专属话语"和表达，达成一种对妖怪的群体认同与心理满足。

【关键词】 日本妖怪；迷信；去迷信；跨媒介叙事

"迷信"是相对于"科学"的一个概念，它的产生发展远远早于科学，可以说在人类有自主意识后，迷信就相伴而生。迷信这一词语的使用转译自日语的英语词汇，英文为superstition，最初引入时意义基本上可以等同于"信仰"，属中性词。法国人类学家杜瑞乐(Joel Thoraval)对胡乱将民间信仰定为迷信的做法进行了批判。陶思炎认为民间信仰由迷信与俗信组成，迷信是指非理性、反科学、对个人与社会有直接危害的极端信仰[1]。对于迷信这一概念的内涵与外延的认知随着时代的发展不断变化，在不同时期不同区域呈现出不同特色。在本研究中倾向于将迷信所涵盖的部分社会文化现象——日本妖怪文化定义为是人们日常生活的有机组成部分，它们不是僵死的、落后的、野蛮的标志。作为一种迷信的日本妖怪文化通过跨媒介叙事的方式实现了"去迷信"化传播，达成了妖怪文化的共生融合与多维呈现，天马行空的妖怪文化与科学严谨的动画、游戏传播技术达成了一种默契，妖怪元素通过游戏、动漫等二次元叙事形式与影视的真人叙事形式相结合，突破了单一媒体介质的界定，展现了前所未有的媒介融合能力。既是消费者，又是参与者的受众在参与叙事的过程中，凝聚时空一体的归属感，达成一种对妖怪的群体认同与心理满足，从而也实现了一种情感体验。

---

①② 上海外国语大学全球传播专业博士研究生。

一、日本妖怪溯源:超越时空与驯化下的迷信

日本妖怪起源于原始的自然崇拜,通常超越时间、空间而不受规律的约束。它是生产方式落后水平下人类将未知诉诸神秘的一种想象。随着生产方式的革新,妖怪也逐渐从乡村走向城市,而且成为一门学科体系,体现了一种从实践到理论的驯化。无论是其起源还是现代发展,妖怪都是一种迷信的延续。

1. 妖怪是超越时空的想象体

在《广辞苑》中,妖怪被定义为“人类智慧无法阐释的奇怪现象或异样的物体”。妖怪由来已久,在不同民族国家的历史文化中都可以寻得踪迹,西方民间传说中的吸血鬼、狼人早已随着美国“好莱坞”的影视输出到世界各地。而中国妖怪的起源历史悠远,文化内涵深厚。《山海经》是先秦时期的地理学、神话学、民俗学、宗教学、历史学和文学著作,其中记录了大量奇异怪兽,如九尾狐、穷奇、巴蛇、毕方等,是中国最早的“妖怪专著”。以辑录鬼怪神仙故事为主的《搜神记》则代表了中国志怪小说的最高成就。明代长篇小说《封神演义》则在开篇就讲到狐妖附身苏妲己入宫得宠的故事。《西游记》是中国神魔小说的经典之作,其中除了对神、仙、佛之外,各路妖怪在吴承恩的描写下更加具有鲜明的个性。蒲松龄所著《聊斋志异》更是赋予了狐仙鬼魅以人之爱情、友情和亲情。在中国传统文化中,妖怪指的是动植物修炼成精,或者是吸收天地精华而成,并且大多以成仙为目的而危害人类。“中国人的妖怪观,是一种超现实的东西。它是一种对时间和空间界限的突破。从空间角度,它是物之大小、力之大小;从时间角度也存在着这种转换和超越,超越时间会带来一种类似界限的突破和转换[2]。”我国古代民间小说集《搜神记》对于妖怪的定义描写为:“妖怪者,盖精气之依物者也,气乱于中,物变于外,形神气质,表里之用也[3]。”

日本妖怪吸收了中国妖怪和妖怪观的部分内容。比如成为日本妖怪体系一部分的九尾狐(日本也称玉藻前、杀生石),《山海经》中就有记载:“青丘之山有兽焉,其状如狐而九尾,其音如婴儿,能食人,食者不蛊[4]。”日本著名鬼怪漫画水木茂认为:“世界各国的妖怪,本质上都是大同小异,只是不同地方的人们对它的称呼不同罢了[5]。”妖怪文化大体可分为事件性妖怪、超自然性存在的妖怪和造型化的妖怪:事件性妖怪即事件性或现象性的妖怪,如“洗小豆”“倒天狗”等;超自然性存在的妖怪为不能解释或控制超自然存在的妖怪,人们将其人格化后,使“妖怪文化”有了划时代的意义;造型化妖怪,即将妖怪做可能化处理,使妖怪形象化,具有固定化的模式,日益成为大众娱乐的对象[6]。从妖怪的分类可以看出,妖怪带有一种“泛灵论”的想象,万物皆有成为妖怪的潜在可能,同时其形象和内涵也并非一成不变,妖怪在审美上会朝着更加符合当代人的接受形式而演变。比如,除了传统的妖怪外,都市传说和校园灵异事件也逐渐吸纳进妖怪的行列。综合来看,妖怪超越了自然或人类规律约束,相较于人具有特殊的力量,且这种力量常常超出科学能解释的范围。所以妖怪是超越时间空间界限,不受或较少受自然规律和人类法则约束,以“泛灵论”外化的形神气质,具有神秘性和复杂性的想象体。

2. 妖怪是一种驯化结果

驯化原本是一个生物学词语,指的是将野生动植物的自然繁殖过程变为人工控制的过程,后来逐渐被引入到其他学科。罗杰·西尔弗斯通(Roger Silverstone)最初使用"家居化"(domestication)来描述驯化:"我在类似驯化野生动物这个意义上使用'家居化'的概念:这是一个使得动物习惯于在人类的住所附近得到人类照料的过程,一个(它们)'自然地'成为家庭之一员的过程[7]。"潘忠党认为将 domestication 这个概念译为"驯化"更为合适,并认为驯化是中介机制中的主体的策略性实践[8]。日本妖怪作为一种人类认识世界和改造世界的想象和意识,是一种主体性建构——妖怪是人类对神秘之自然驯化后的结果。

从起源来看,日本妖怪是在自然与人类交流互动中形成,是人类为了解释未知世界而不断消解自然之神秘的驯化。日本列岛主体部分位于亚热带、温带气候区,季节交替明显,四面环海、山水众多,森林覆盖率高,丰富的动植物资源为精神世界的改造提供了良好的材料,在日本人眼中,只要是可见可想的都可以成为八百万诸神;同时由于日本列岛位于太平洋板块与亚欧板块的交界处,地震、台风等自然灾害频发,岛国居民面对恶劣的自然环境要更多地面对死亡的威胁,这种自然环境的恶劣诞生了对事物短暂美好的物哀美学审美,同时自然环境与物哀美学又同时促进了妖怪的丰富发展;在原始社会,由于人类改造自然及解释自然的能力有限,先民通常将不能解释的事物归于神秘并进行祭祀、崇拜,以将对人类有威胁的事物纳入人类解释体系之中,为己所用。日本信仰的基本点就是对树木的崇拜,神道本身就是一种自然崇拜,森林崇拜乃是日本文化的起点[9]。另外,日本在文化交流中也吸收了一些外来妖怪,尤其中国的一些妖怪按照日本人的思维习惯被吸纳进日本妖怪行列,从而更具日本特色。丰富的自然物质资源、灾害频发导致的生离死别、人类解释自然体系的认知需要和外来妖怪的融入,促使日本妖怪文化在人类对抗自然的历史中,在日本的对外文化交流中不断被驯化,不断枝繁叶茂。

妖怪学科化体系的建构更是把对妖怪的认识纳入一种理性的思维高度,使妖怪被纳入人类科学的知识体系之中。人类不仅可以认知、理解妖怪的起源、种类、特征,甚至可以操纵妖怪为自己所用。在日本,妖怪经过了系统化的研究已经成为一门独立学科——妖怪学,它属于民俗学的范畴。日本佛教哲学家井上圆了在《妖怪学讲义》中深入考察了不同的妖怪,将实际存在的妖怪称为"真怪",而由误认和恐惧而产生的妖怪称为"假怪",从而将"假怪"作为迷信的产物而予以排斥。民俗学家柳田国男在《远野物语》中详述了天狗、河童、座敷童子、山男等妖怪,使妖怪声名大噪。文化人类学家小松和彦以文化人类学的方法分析鬼、妖怪、异人、诅咒等,在所谓文化的"黑暗"领域从事重新捕捉日本民俗社会及文化的研究。除了妖怪理论的研究外,妖怪也渗透进了日本文学、绘画等艺术作品中。日本平安时代女作家紫式部创作的《源氏物语》中就曾多次提到日本妖怪。《平家物语》中记载源赖政以山鸟的尾射杀鵺(类似于"奇美拉"的妖怪)的故事(见图 1)。江户时代的鸟山石燕从传统日本民间故事中搜集了大量妖怪整理成系谱,绘成了《画图百鬼夜行》《今昔画图续百鬼》《今昔百鬼拾遗》《画图百器徒然袋》这 4 册妖怪画卷,共 207 种妖怪,成为今天看到的日本妖怪蓝本。凭借丰富的妖怪故事和妖怪学科化体系的构建,日本妖怪经过人类学科化地驯化，具备了足够的理论基础和实践渗透力。

图 1　源赖政以山鸟尾射杀鵺[10]

3. 妖怪是一种迷信

妖怪一般被认为是与现代科学、理性相对的迷信思想。在生产方式落后的时代，人类不论是改造世界的工具，还是解释世界的知识都十分有限，无处不在的死亡威胁使人们寄希望于精神世界的改造，可以带给人希望和帮助的存在内化为神仙，而对人类有威胁的事物则被他者化为妖怪。被他者化后的妖怪世界并非一种完全孤立的世界，而是保持着与人类世界的一种精神连接，妖怪会生老病死，甚至嫁娶生子。日本今天仍流传着晴天下雨，狐狸嫁女的传说故事。这种妖怪文化在日本历史中并没有被科学所驱逐，而是作为民俗文化的一部分保留了下来，比如在日本经常会看到各种神龛、神社和祭典。

到了近现代，由于城市化的不断推进，人类从被自然环境所覆盖的乡村日渐向城市集中，原来富有乡村田野气息的妖怪生产转向了都市传说与校园灵异故事，这本身就昭示了一种妖怪是被建构的证据。所以，妖怪世界是人类对客观世界所建构的一种想象，不但是认识世界的方式，还承担着文化延续的使命。不论从妖怪的起源还是到现代的都市传说，这种妖怪文化的延续性都带有一种神秘的迷信色彩。同时大众化、商业化、工业化的动漫、游戏、广告等媒介形式虽然是科技发展的产物却有着生产、传播神秘和迷信的另一面。这种大规模的传播渠道促进了妖怪的全球传播。

妖怪不仅被认为是一种与科学相背离的封建迷信思想，同时妖怪也是一种文化。费迪南德·索绪尔(Ferdinand de Saussure)和查尔斯·皮尔士(Charles S. Peirce)被誉为是现代学的两大源头。“不仅仅是人类传递信息的工具，而且是认知和思维的工具[11]。”对于妖怪来说，“能指”指的是人们赋予妖怪的所有的语音和文字，“所指”是妖怪这一概念。日语里可以称妖怪为よう怪、化け物、おに。不同的人对同一妖怪会有不同的想象，比如对于九尾妖狐的“所指”来说，有的人脑海中的第一印象是巨大的、妖力遮天的有着九支尾巴的妖狐，而有的人想到的却是一个妩媚多姿的狐妖。而妖狐与狐妖作为能指，其强调的意涵也截然不同。对此，罗兰·巴特(Roland Barthes)认为：神话成了社会习惯和意识形态；神话之所以能够构成，扭曲之所以能够实现，乃是由于神话的形式(含蓄意指的能指)已经由直接意指形成;直接意指的符号具有能指(形式)和所指(意义),它转为含蓄意指的能指(形式)的过程,就是在保持直接意指的能指(形式)不变的情况下,扭曲、改变直接意指的所指(意义)的过程,使同样的能指形式负载不同的所指意义,而这所指意义得到集体的认同,就成为意识形态[12]。在妖怪"神话"的塑造中,并非仅仅是想象,而是由象征到意义的赋予过程。妖怪作为一种迷信,背后体现的是人类将未知之恐惧他者化后的产物,是人类将解释世界的无力诉诸超自然,并进行顶礼膜拜的结果,更是基于人类主体性地位对神秘之自然的建构。所以妖怪既是一种迷信也是一种文化。

二、妖怪文化呈现:跨媒介叙事

日本自明治维新后在军事、经济、科教和习俗等方面实行西化政策,现代化改造所依托的科学理性精神与妖怪的迷信思想相悖,这使妖怪文化生存的土壤变得严峻起来。但令人意外的是,日本妖怪文化不仅没有走向衰落,而且成为日本动漫、影视、游戏等传媒的描绘对象,成为一种流行文化的日本妖怪与跨媒介的生产方式密不可分。

1. 文化成为跨媒介叙事的对象

亨利·詹金斯(Henry Jenkins)提出了"跨媒介叙事"的概念(也有被译为"跨媒体叙事"的说法):是指"一种通过多媒体平台传播故事并吸引受众通过多媒体平台积极参与到故事情节的接收、改编和传播过程中去的叙事策略"[13],借助跨平台渠道实现不同媒介类型之间的流动,不同叙事主体可共同参与到文本的再生产之中,如动漫可改编为电影、电视、游戏、同人小说等形式,并借助社交媒体进行内容的再创作。跨媒介叙事整合文学艺术和媒介科技,创造网络化、数字化时代的文学新形态,独辟蹊径求创意,开拓人类叙事能力的新可能性[14]叙事方式极大提升了受众的沉浸式体验和创作积极性。在这种新的叙事形态下,作为一种实现了在不同媒介之间的流动,如图 2 所示,妖怪可以出现在书籍、漫画等印刷媒介里,可以呈现在电视剧、电影、广播等大众媒介里,也可以展现在网络剧、网页等网络媒介里,实现了媒介间的跨媒介叙事。我们经常会问,涉及多少媒体才能成为跨媒体,而上述区别远比这个问题更为重要;也就是说,核心问题不在于使用了多少媒体,而在于这些媒体之间存在什么样的关系,在于它们各自做出了什么样的贡献,在于它们需要从观众那里得到什么样的认知和社交反馈[15]。表 1 和表 2 展示了日本 TV 动画和日本开发游戏中出现的部分妖怪形象。

日本妖怪借助 IP 成为跨媒介叙事的主体。跨媒介叙事成为理解媒介技术如何主导叙事内容、受众消费与再创作,以及媒介间互动关系的核心概念。妖怪文化通过叙事载体的转化进行跨媒介传播,构成了媒介渠道间、叙事主体间、消费与创作间相互指涉的叙事体系。目前,在妖怪文化产品的创作中形成了一种 IP 效应,比如东京电视台播出的《火影忍者》,其中被封印在主角鸣人体内的九尾狐妖怪通过动漫创作与播出、授权手游、

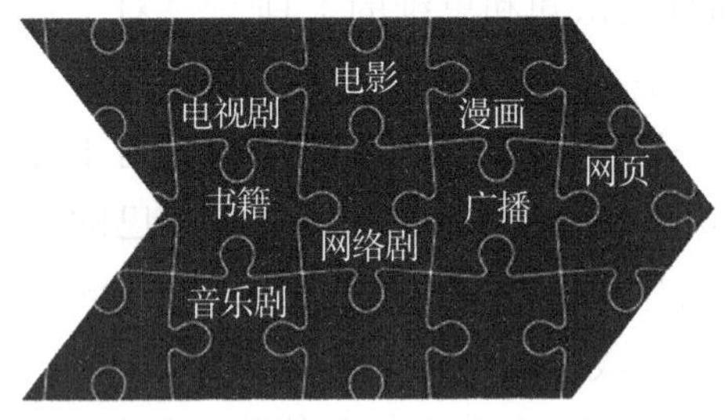

图 2　众多媒介共同推进故事[16]

同人小说、漫展宣传、衍生品授权制作之间的内容互动,不仅使传统妖怪——九尾妖狐形象深入人心,并且通过这种跨媒介方式形成了一种媒体公司间版权合作、多媒介内容呈现、受众消费及再生产的跨媒介生产格局。

表 1 日本 TV 动画中出现的部分妖怪

TV 动画\\日本妖怪	河童	妖狐	座敷童子	雪女	天狗	鬼
《夏目友人帐》	河童	小狐狸、子狐	座敷童子	雪女	粉红色天狗	中级妖怪
《犬夜叉》	—	七宝、云母	—	雪女御使	—	山鬼、鬼城主
《咯咯咯鬼太郎》	河童	九尾狐	—	雪女	洋画天狗	天邪鬼、石见牛鬼
《鬼灯的冷彻》	—	妲己	—	—	乌天狗、僧正坊	牛头
《滑头鬼之孙》	赤河童、沼河童之雨造	羽衣狐	紫	雪女雪丽	乌鸦天狗、大天狗	牛鬼

表 2 日本游戏作品中出现的部分妖怪

日本游戏\\日本妖怪	河童	妖狐	座敷童子	雪女	天狗	鬼
《仁王》系列	—	九尾妖狐	镰鼬	山姥	姑获鸟	牛鬼
《讨鬼传》系列	—	风缝、天裳忌速火、建速水	—	—	阴迦楼罗	建军、祸军祸帝、千山王、小鬼
《无双大蛇》系列	—	玉藻前、九尾妖狐	—	—	—	牛鬼、阴摩罗鬼
《妖怪手表》系列	野河童	九尾	—	—	天狗、忧郁天狗	—

2. 妖怪文化的共生融合与多维呈现

天马行空的妖怪文化与科学严谨的动画、游戏传播技术达成了一种默契。在大众传媒时代之前,因为妖怪是一种脱离于人眼所见世界的充满张力的想象体,如果要描绘它,通过文字和绘画等印刷媒介只能描绘出它的静态轮廓,而且充满了距离感。这种想象体的表现打了一定折扣,因为被书写的妖怪不是动态鲜活的、可触可听的和沉浸体验的事物。进入大众传播时代,一种具象的视觉体验被塑造了出来,对妖怪的想象从书面的描述转换成动态的影像。大众传播中最能赋予妖怪文化以传播力的是动画。因为动画技术虽然是科技的产物,但主角、背景、色彩、故事的塑造是依托创作者的想象,而且动画相较于采用真人拍摄的电影和电视可以用更低的成本和更强的渲染力来表现幻想题材的事物。即使现在电影和电视都采用了特效的技术,使以前不能拍摄的异形怪物、神秘建筑、宏大景观等一一表现了出来,其特效成本的高涨也使导演不得不采取节制措施。而动画在一开始就是塑造与现实世界不同的二次元世界,表现的是人类不可触的事物,低成本的特效制作可以使动画在表现异次元方面比真人电影和电视更具优势。从硬件来看,游戏行业依托于芯片革新、材料工艺升级的主机、CPU、显卡、存储、手机、VR 等硬件设备，其强大的运算与存储能力、亲民的价格，使普通玩家也可以体验数字内容。游戏软件的开发则为这些硬件提供了存在的理由和革新的动力。不论是游戏的世界观搭建、人物背景建模、动态粒子渲染都可以表现出比影视更具幻想的事物，而且这种幻想的东西通过键鼠、手柄和手机等设备连接到玩家，调动了用户的视觉、听觉、触觉等感官，使其具有了沉浸体验感，从此妖怪不是远方的幻想，而是玩家可以为伴、可以击杀、可以寄情的实在。代表着数字技术的游戏与动漫将妖怪的想象力充分地发挥了出来。

妖怪的跨媒介叙事有多维呈现与互动融合的特征。“我把《黑客帝国》现象当作跨媒体叙事来描述，这样一个跨媒体故事横跨多种媒体平台展现出来，其中每一个新文本都对整个故事作出了独特而有价值的贡献。跨媒体叙事最理想的形式，就是每一种媒体出色地各司其职、各尽其责——只有这样，一个故事才能以电影作为开头，进而通过电视、小说以及连环漫画展开进一步的详述[17]。”詹金斯所述的电影跨媒介生产如今已经扩展到了其他媒介领域，而且更呈现出一种多维度、多面向的生产、传播格局，比如《银魂》漫画（漫画中出现了河童等妖怪）被制作成电视动画、电影动画和原创光盘动画（OVA），而后又被拍摄成真人电影，发展出了游戏，衍生品也不断丰富起来（二次元社区衍生出同人小说、漫画、cosplay、手办模型等），进一步补充了原作的世界体系。动漫与电影、电视、游戏等媒介之间交互融通，融合了多种媒体介质，形成了“媒介间性”的复合媒体形态。在跨媒介融合中，妖怪元素通过游戏、动漫等二次元叙事形式与电视、电影的真人叙事形式相结合，突破了单一媒体介质的界定，展现了前所未有的媒介融合能力。多个媒介平台上的叙事便得以在一个故事线的主导下展开，建构起一个虚拟与现实交汇的宏大世界观与故事体系。妖怪的呈现是多维度的，而且是互动融合的。妖怪衍生品的创造使原作中没有表现的内容以一种本地化的形式表现了出来，原作与衍生创作品构成了庞大的、互通的跨媒介叙事体系。正如詹金斯所言，“横跨多种媒体平台的内容流动、多种媒体产业之间的合作催生了复合媒体形态”[17]。

3. 妖怪文化的参与式叙事与情感体验

跨媒介叙事是一种“出位之思”，即跨越或超出自身作品及其构成媒介的本位，去创造出本非所长而是他种文艺作品特质的叙事形式。“出位之思”构成了“跨媒介叙事”的美学基础[18]。这种媒介的“出位之思”使妖怪文化具有跨媒介叙事的导向性。在妖怪文化的吸引下，多元的叙事主体，如动漫影视公司、游戏开发公司、社交媒体、网络小说家、插画师与妖怪文化粉丝共同参与到妖怪世界观和背景故事的叙事中，协同创作并广泛传播。“大多数形式的跨媒体都是通过‘世界构建’（Worldbuilding）的过程来构建的。世界构建的概念源自科幻小说，但也被应用于纪录性或历史性的小说。世界是由许多运动的部分（在人物、社会环境和地方性要素）组成的系统，在每一部分中，借由基础结构彼此相连的不同主角都可以生成不同的故事[15]。”妖怪的衍生创作并非只是媒介公司、妖怪学专家的专利，妖怪故事的生产权分权给了普通的受众。在此之下，妖怪考据、同人漫画与小说、角色扮演等形式层出不穷，受众既是消费者，也是参与者，围绕妖怪文化创作出更多的故事内容和情节。比如日本妖怪动漫《夏目友人帐》在百度贴吧有 110 多万关注度，1 400 多万帖子。在贴吧中设有 cosplay 图片、手工画廊、文章评论、资料情报等版块实时更新动漫粉丝的角色扮演照片、妖怪背景故事考究、同人绘画等相关信息。在国内比较大的游戏社区,如游民星空和游侠网,设有游戏资讯、游戏攻略、玩家社区、精美图库等板块,在游戏社区中,游戏攻略本身构成了一种对妖怪题材叙事的跨媒介生产。"正如有学者指出的,跨媒体叙事是一种'延展',包括'媒体延展'及'叙事延展'。前者为故事改编成有差异的类型,后者增加角色、事件等以延伸故事旨趣[19]。"

妖怪文化的跨媒介叙事也是一种情感体验。"用户在将作为原生文本"的影像商品剪辑成符合自我的意旨和想象的文化生产过程中,对"再生性文本"投附了自己的情感[20]。妖怪文化的跨媒体叙事关注受众的认知、态度和行为反应,通过跨媒体的形式建立受众与妖怪故事的精神情感连接。通过媒体采访、社交媒体信息发布等渠道积极构筑妖怪文化的粉丝认同。比如游戏制作人宫崎英高积极接受媒体采访,回应《恶魔之魂》粉丝所关注的游戏重制问题。通过透漏风声、回应粉丝关切、制造话题等形式制造关注度,吸引大批的粉丝参与到话题的讨论中,既加强了同属一个妖怪文化社区之间的成员互动,也调动了粉丝的情感参与,形成了良好的心理黏合度。从情感消费的角度而言,跨媒介叙事促使粉丝群体在多种媒介之间利用共同的"专属话语"和表达,凝聚时空一体的归属感。对于一个日本妖怪文化的粉丝来说,他可能在社区网站发布专门的妖怪考究资料,也可能在线下角色扮演某个喜爱的角色,身着带有妖怪的衣服,达成一种对妖怪的群体认同与心理满足。马斯洛将人类需求分为五级模型,从层次结构的底部向上依次为:生理需要、安全需要、社交需要、尊重需要和自我实现。在妖怪文化活动中,用户基于相同的兴趣实现了友谊的搭建,得到了他人的认可,甚至对自我人生实现产生影响。

三、日本妖怪文化的传播

依托于动漫、影视、游戏等媒介形式,日本妖怪文化不仅实现了跨媒介间的内容流动和再生产,而且创造了在全球范围内的产业增值。在国家形象层面,依托妖怪,向全世界输出软性的、非抵抗性的文化,潜移默化使受众更倾向"主导式"解码,从而达到软实力输出。在消费情感方面,妖怪文化满足了人性的猎奇心理、提倡自然环保的深刻内涵、彰显"物哀"审美的民族性,创作者通过对妖怪形象的美化进行再创作,使日本妖怪文化具有了全球传播的影响力。

1. 日本妖怪文化的传播路径

妖怪作为一种特殊的文化现象,日本发达的动画、漫画、游戏(ACG)产业则为表现丰富的妖怪提供了完备的产业支撑,为妖怪学从理论走向实践,从日本国土走向全球提供了支撑。日本 ACG 产业的发达是多方面因素造就的,其中文化振兴政策是重要的一环。"日本政府将打造文化资源大国作为文化振兴事业中的重要目标,大力振兴以歌舞伎、能乐、茶道等为代表的传统文化,和以动画、漫画、游戏等为代表的新兴大众文化[21]。"其中动漫、游戏成为日本文化振兴战略中的重要一环。根据日本映画制作者联盟所发布的数据,2020 年日本动画电影国内票房收入超过了1 400亿日元[22]。根据日本动画协会统计,2019年日本海外出口的动画营收达到1 200亿日元,国外市场营收已经逼近国内市场(其中的动画营收包括:TV动画、电影动画、CD动画、网络动画、动画音乐、动画在线娱乐及其他动画商用营收)。据统计,日本在2019年向海外出口的动画数量达到了3 822部。在IMDb评分(互联网电影资料库)8分以上的38部动漫中有7部是日本妖怪题材的动画(包括《千与千寻》《萤火之森》《幽灵公主》《霍尔的移动城堡》《龙猫》《风之谷》《辉夜姬物语》)。根据MediaWiki的ACGN主题在线百科全书——萌娘百科的数据显示,日本的动画电影的全球票房排行(见表3)前43部作品中有20部都是以日本妖怪为主题或者是对妖怪进行包装改造后的同类型作品。

表3　2019年营收前十的全球游戏公司排名　　单位:百万美元

排名	公司	国家	第一季度	第二季度	第三季度	第四季度	2019年度	同比增长率/%
1	Tencent	中国	5 096	4 936	5 213	5 300	20 545	10%
2	Sony	日本	3 452	2 865	3 047	3 769	13 133	−8%
3	Apple	美国	2 435	2 564	2 946	2 887	10 832	14%
4	Microsoft	美国	2 243	1 980	2 219	2 831	9 273	−4%
5	Google	美国	1 737	1 788	1 948	1 877	7 350	13%
6	NetEase	中国	1 725	1 665	1 680	1 690	6 759	16%
7	Activision Blizzard	美国	1 706	1 279	1 107	1 749	5 841	−15%
8	EA	美国	1 238	1 209	1 348	1 593	5 388	2%
9	Nintendo	日本	885	769	1 109	2 191	4 954	13%
10	Bandal Namco Entertainment	日本	909	632	726	701	2 968	2%

资料来源:https://platform.newzoo.com/reports/ggmr/free/report-preview

在游戏行业(见表4),根据总部位于荷兰知名游戏调查公司——Newzoo的调查资料显示:2019年营收最高的10家游戏公司中有5家来自美国、3家来自日本、2家来自中国。《最终幻想》《怪物猎人》《黑暗之魂》《仁王》《讨鬼传》《无双大蛇》《妖怪手表》等经过包装过的妖怪题材系列游戏已经形成了日本游戏品牌,在全球尤其是亚洲拥有大量的用户,通过不断推出新的版本吸引新老玩家购买消费。同时,一种跨媒介的生产格局已经形成,动漫、影视、游戏等媒介间的改编成为潮流。比如《死神》动漫被改编成电影和手机游戏,《最终幻想》游戏被改编成电影《最终幻想:灵魂深处》,《火影忍者》动漫被改编成电影和手游。妖怪利用现代化媒介技术进行了全球的传播,同时日本文化产业也借此实现了在全球的内容投放、营收和增值。

表 4　日本的动画电影的全球票房排行(以美元计)[23]

排名	作　　品	最终票房	上映年份
1	鬼灭之刃剧场版 无限列车篇	423 931 868	2020 年
2	千与千寻	365 481 131	2001 年
3	你的名字	361 024 012	2016 年
4	哈尔的移动城堡	235 184 110	2014 年
5	悬崖上的金鱼姬	201 750 937	2008 年
6	哆啦 A 梦:伴我同行	196 442 714	2014 年
7	天气之子	193 186 879	2019 年
8	宝可梦:超梦的逆袭	172 744 662	1998 年
9	幽灵公主	160 799 185	1997 年
10	借东西的小人阿莉埃蒂	145 570 827	2010 年
11	起风了	136 333 220	2013 年
12	宝可梦:洛奇亚爆诞	133 949 270	1999 年
13	龙珠超:布罗利	124 500 000	2018 年
14	名侦探柯南:绀青之拳	119 875 024	2019 年
15	名侦探柯南:零的执行人	108 105 223	2018 年
16	航海王:狂热行动	100 000 000	2019 年
17	海贼王剧场版 Z	88 760 381	2012 年
18	哆啦 A 梦:大雄的金银岛	83 812 757	2018 年
19	妖怪手表:诞生的秘密喵	80 268 947	2014 年
20	龙珠 Z:复活的弗利萨	72 636 999	2015 年
21	宝可梦幻影的霸者索罗亚克	71 143 529	2010 年
22	航海王之黄金城	70 840 000	2016 年
23	宝可梦:结晶塔的帝王	70 157 342	2000 年
24	地海传说	68 673 565	2006 年
25	福音战士新剧场版:Q	67 021 068	2012 年
26	名侦探柯南:纯黑的恶梦	66 280 000	2016 年
27	哆啦 A 梦:大雄的月球探险记	66 057 363	2019 年

(续表)

排名	作　　品	最终票房	上映年份
28	哆啦A梦:大雄的南极冰冰凉大冒险	65 500 000	2017年
29	名侦探柯南:唐红的恋歌	64 450 000	2017年
30	虞美人盛开的山坡	61 459 425	2011年
31	海贼王剧场版10:强者天下	61 221 810	2009年
32	名侦探柯南:业火的向日葵	60 985 674	2015年
33	红猪	58 990 641	1992年
34	妖怪手表:阎魔大王和五个故事喵	58 850 969	2015年
35	哆啦A梦:新・大雄的日本诞生	58 400 000	2016年
36	宝可梦:比克提尼与白英雄雷希拉姆	57 082 491	2011年
37	宝可梦七夜的许愿星	56 386 031	2003年
38	狼的孩子雨和雪	54 999 779	2012年
39	宝可梦:裂空的访问者	54 882 404	2004年
40	猫的报恩	53 918 847	2002年
41	宝可梦:梦幻与波导的勇者	53 879 985	2005年
42	宝可梦:去往超克的时空	50 673 078	2009年
43	龙珠Z:神与神	50 353 002	2013年

2. 妖怪文化成为软实力的体现

在全球新冠疫情时代,经济全球化与政治多极化的趋势在面对贸易保护主义和民族、民粹主义的冲击下,依然被认为是世界趋势最重要的两个方面。然而,被经济和政治要素遮蔽的文化要素在全球治理和群体跨文化沟通中的作用日益凸显。关于文化的内涵和外延是什么,不同学者对它的理解千差万别。广义上的文化可以涵盖宗教、历史、艺术、科学技术、生活方式、习俗、思维方式、价值观等,即“观乎人文,以化成天下”。文化其“随风潜入夜,润物细无声”的作用日益受到上至国家、下及个体的重视。约瑟夫・奈(Joseph Nye)将文化的影响力或吸引力称为“软实力”。“何谓软实力? 它是一种依靠吸引力,而非通过威逼或利诱的手段来达到目标的能力。这种吸引力源于一个国家的文化、政治理念和政策[24]。”

阎学通将软实力为三个层面:“软实力由国际吸引力、国际动员力和国内动员力三项要素构成。其中,国际吸引力是指一国吸引别国自愿效仿和追随的魅力,国际吸引力有两个来源,一是国家模式的吸引力,二是文化吸引力[25]。”妖怪文化是软实力中的文化吸引力,因为它相比政治制度、经济要素更容易吸引受众,更容易获得文化认同,是一种潜移默化的文化吸引力和影响力。在日本文化输出中,以动漫、游戏为核心的 ACG 文化产业中积聚了大量的妖怪文化作品,这些妖怪题材作品是日本对外影响力的重镇。因为积聚在妖怪文化下的粉丝更容易接受更多的日本文化,进而扩展到其他领域的认同,形成较高的日本国家形象的整体认可度。斯图亚特·霍尔(Stuart Hall)提出了著名的四种解码类型假说,以此来引导对内涵层面的不同意义生成类型的分析,包括"主导性或霸权符码""协商性符码"和"对抗性符码"[26]。对于美化修饰后的日本妖怪普通大众可能会更倾向于一种"主导型或霸权"解码。如 2020 年东京奥运会的形象大使中有三位是与妖怪有关的形象。《口袋妖怪》中的地缚猫、《火影忍者》中的漩涡鸣人(九尾妖狐的附身)、《七龙珠》中的孙悟空(孙悟空也成为日本妖怪的一部分)。通过这些为人所熟知的、可爱的动漫卡通形象的编码,更容易使人以一种软性的、非抵抗的方式对日本形象进行解读,从而进一步影响受众的态度和行为。

3. 妖怪文化成为一种情感体验

日本妖怪在全球传播中更易唤起情感共鸣。首先,发源于自然崇拜的这种妖怪一直以来被认为是反科学的迷信思想,却依托日本民俗学的长期学理沉淀,同时满足了现代社会人们因为精神空虚而对于未知之神秘的猎奇心理。这种对神秘事物的猎奇心不是日本人独有的,是全球人的普遍认知,人类社会的进步在很大程度上是人类怀揣好奇心不断探索开发的结果。其次,妖怪是驯化的产物,在不断强化对自然的改造中,人类逐渐以自我种族为中心,藐视自然。在人地矛盾日益突出的工业文明背景下,妖怪也提醒人们重新反思人与自然的关系。如宫崎骏在《幽灵公主》动画中通过"山兽神"与人类的冲突故事,表达了人与自然和谐相处的美好理想。他只是借助妖怪以一种神秘美学的方式表达了出来,使自然保护主义思想更容易为全世界的人所接受。再次,日本妖怪其实是日本民族性的化身,创作者通过妖怪展现的叙事也是日本人的哲思,这种哲思散发着一种日本与众不同的"物哀"美学,从而使妖怪文化的大和民族之气质凸显了出来。"物哀"是日本传统美学理论中的一个重要概念,最早由日本江户时代"日本国学"的集大成者本居宣长在《紫文要领》提出。"每当有所见所闻,心即有所动;看到听到那些稀罕的事物、奇怪的事物、有趣的事物、可怕的事物、悲痛的事物、可哀的事物,不只是心有所动,还想与别人交流和共享;或者说出来,或者写出来都是同样。对所见所闻,感慨之,悲叹之,就是心有所动[27]。"妖怪与"物哀"思想是互融互通的,妖怪的"物哀"气质彰显了日本独特而有魅力的民族性。最后,妖怪也是不断丰富和发展的,其形象并非一成不变,创作者利用现代媒介,在符合现代审美和世界审美的前提下不断完成对妖怪的现代性改造,使其更容易被全世界的成年人与未成年人所接受。如凶残的妖怪"猫又"被刻画成可爱温顺的"猫女郎",作祟的"犬神"被刻画成有情有义、长相帅气的"侠客"等等。

四、总结

本研究旨在研究日本妖怪文化的本源,以及在全球化背景下妖怪文化的跨媒介叙事特征以及全球传播性。妖怪源于一种神秘的自然崇拜,被塑造的妖怪通常超越自然及人类法则的约束,是一种想象体。在日本独特的社会背景下,妖怪成为一门民俗学下的独立学科,从而完成了对妖怪从实践到理论的驯化。随着城市化的演进,妖怪文化进一步融合了都市传说和校园灵异事件,始终与现代科学的理性精神相悖,是一种迷信。但日本妖怪没有被科学理性工具所驱逐,反而成为日本文化的重要组成部分。这是与妖怪文化的跨媒介叙事息息相关的。通过妖怪文化的共生融合与多维呈现,天马行空的妖怪文化与科学严谨的动画、游戏传播技术达成了一种默契,妖怪元素通过游戏、动漫等二次元叙事形式与影视的真人叙事形式相结合,突破了单一媒体介质的界定,展现了前所未有的媒介融合能力。同时,妖怪的创作并非只是媒介公司、妖怪学专家的专利,妖怪故事的生产权分配给了普通的受众,受众既是消费者,也是参与者,围绕妖怪文化创作出了更多的故事内容和情节。在粉丝参与叙事的过程中,粉丝群体在多种媒介之间利用共同的"专属话语"和表达,凝聚时空一体的归属感,达成一种对妖怪的群体认同与心理满足,从而也实现了一种情感体验。

依托于多种媒介形式,日本妖怪文化实现了跨媒介间的内容流动,在产业增值的同时输出软性的、非抵抗性的国家形象,从而使受众更倾向"主导式"解码,提升了国家软实力。在个人层面,妖怪文化的想象性、驯化性、迷信性又与全球化语境下的人地矛盾、精神资源匮乏产生了碰撞,妖怪的"物哀"审美性、妖怪形象再创作又赋予了妖怪文化独特的日本民族性。妖怪文化也成为一种全球性与地方性张力的体现。本文主要采取质化研究的方式,结合已知的数据对妖怪文化的跨媒介叙事和全球传播进行了分析,但因为篇章有限,不同受众对妖怪文化如何解码与反应仍有非常大的探讨空间,这需要后续的进一步研究。

参考文献

[1] 陶思炎. 迷信、俗信与移风易俗:一个应用民俗学的持久课题[J]. 民俗研究,1999(3):6-12.
[2] 刘晓峰. 从中国四大传说看异界想象的魅力[J]. 民族艺术,2017(02):37-43.
[3] 干宝,胡应麟. 白话全本搜神记[M]. 上海:上海古籍出版社,1995.
[4] 刘歆,干宝. 山海经第一卷·南山经[M]. 邵士梅,蒋筱波,注译. 西安:三秦出版社,2007:5.
[5] 水木茂. 世界妖怪事典[M]. 吴佩俞,译. 澳门:星光出版社,2004.
[6] 小松和彦,王铁军. 日本文化中的妖怪文化[J]. 日本研究,2011(04):42-45.
[7] Silverstone R. Television and everyday life [M]. London: Routlege, 1994.
[8] 潘忠党. "玩转我的 iPhone,搞掂我的世界!"——探讨新传媒技术应用中的"中介化"和"驯化"[J]. 苏州大学学报(哲学社会科学版),2014,35(04):153-162.
[9] 秦琼,胡婷婷. 日本动漫形象的文化基础探源及启示——以妖怪形象为例[J]. 黄冈师范学院学报,2013,33(02):74-77.
[10] 水木茂. 图解日本妖怪大全:(上)妖卷[M]. 薛倩,刘微,译. 西安:陕西师范大学出版社,2009:344.
[11] 郭鸿. 对符号学的回顾和展望:论符号学的性质、范围和研究方法[J]. 山西青年,2003(05):9-12.
[12] 巴特. 神话修辞术[M]. 屠友祥,译. 上海:上海人民出版社,2016.
[13] Jenkins H. Transmedia storytelling [J]. Technology Review, 2003(1):56.

[14] 凌逾. 跨媒介叙事刍议[J]. 暨南学报(哲学社会科学版),2015,37(05):32-39.
[15] 詹金斯,赵斌,马璐瑶. 跨媒体,到底是跨什么?[J]. 北京电影学院学报,2017(05):31-34.
[16] 唐昊. 媒介融合时代的跨媒介叙事生态[J]. 中国出版,2014(24):28-31.)
[17] 詹金斯. 融合文化:新媒体和旧媒体的冲突地带[M]. 杜永明,译. 北京:商务印书馆,2012.
[18] 龙迪勇. 空间叙事本质上是一种跨媒介叙事[J]. 河北学刊,2016,36(06):86-92.
[19] 晏青,杨莉,杨娇娇. 电视剧跨媒体叙事的转向与逻辑[J]. 中国电视,2017(08):14-18.
[20] 李诗语. 从跨文本改编到跨媒介叙事:互文性视角下的故事世界建构[J]. 北京电影学院学报,2016(06):26-32.
[21] 崔世广. 21世纪初期日本的文化战略探析[J]. 日本文论,2019(01):60-64.
[22] 日本映画制作者联盟网站. 日本映画产业统计[EB/OL]. [2022-02-12]. www.eiren.org/toukei/index.html.
[23] 日本动画电影本土票房排行[EB/OL]. [2022-02-12]. https://zh.moegirl.org.cn/日本动画电影票房排行.
[24] 奈. 软实力[M]. 马娟娟,译. 北京:中信出版社,2003:i-xii.
[25] 阎学通,徐进. 中美软实力比较[J]. 现代国际关系,2008(01):24-29.
[26] Hall S. Encoding and decoding in the television discourse [M]//Gray A, Campbell J, Erickson M, et al. Cccs Selected Working Papers(vol 2). London: Routledge, 2007:396-397.
[27] 本居宣长. 日本物哀[M]. 王向远,译. 长春:吉林出版集团有限责任公司,2010.

我国政府社交媒体的互嵌式情感传播策略[①]

崔　洁[②]　童清艳[③]

【提　要】 本研究借助大数据抓取新冠肺炎疫情以来我国政府发布的vlog进行内容分析,引入"情感治理""原型"理论与"互嵌"理论,研究政府如何借助社交媒体对国族创伤中的民众进行情感治理。研究发现:政府通过"平民英雄"与"奇迹政府"两大叙事原型,实现"治愈的爱国主义"原型沉淀,并按照从个人到集体再到国家的情感路径,激发民众共赴国难与互相治愈的爱国情怀,形成"互嵌式的情感治理模型",在实现国家价值认同与政治诉求的同时,有效将民众从情感涉入的客体,转变为深度卷入的主客共体。

【关键词】 vlog;新冠疫情;爱国主义;情感治理

2020年初暴发的新冠状病毒肺炎疫情(后文简称新冠肺炎疫情)是一次典型的国族创伤事件。疫情暴发期,政府媒体通过大量报道稳定社会情绪。除了传统的PGC(Professional Generated Content)生产,政府媒体通过网络征集等方式对用户素材进行二次编辑与发布。其中,视频博客(vlog)借助网络文化的流量风口,成为情感治理的突破点。基于此,本研究抓取政府媒体发布的疫情主题的vlog为研究样本(2020年1月25日—2020年4月15日),使用内容分析法,引入"情感治理"(emotional governance)与"原型"(archetype)理论,探讨:①国族创伤中,政府如何借助社交媒体以完成对民众的情感治理?②此类新闻话语中的"原型"规律为何?③随着民众政治参与的热情提高,政府媒体情感治理的应对策略有何突破?

一、理论支点

1. "情感治理"是国家动态管理民众情绪的媒体策略

作为理性的相对维度,"情感"长久以来是学界研究的重要议题。托马斯·迪克森

① 本文系国家社科基金重大项目"网络与数字时代增强中华文化全球影响力的实现途径研究"(18ZDA312)的阶段性成果。

② 上海交通大学媒体与传播学院博士生。

③ 上海交通大学媒体与传播学院长聘教授、博导。

(Thomas Dixon)指出,情感侧重于那些"非认知的、无意识的感觉"(feeling),可分为"情境性情感"(situational emotions)、"结构性情感"(structural emotions)与"预期性情感"(anticipatory emotions)三种[1]。有别于"认知能力"(perception),"情感"(sensibility)被纳入"感觉能力"(capacity of sensation)的范畴[2]。赫伯特·斯宾塞(Herbert Spencer)等认为,情感是"情操、感情、欲望与激情的综合体,既与个人体验有关,又与集体行动相连"。论及情感的"共同体"属性,埃米尔·杜尔凯姆(Émile Durkheim)认为情感是社会分工的纽带,斐迪南·滕尼斯(Ferdinand Tönnies)强调情感是群体形成的基础,路德维克·弗雷克(Ludwik Fleck)提出共同情感可以通过集体进行蔓延与传播[3]。

情感的唤起由行动者的预期及其经历决定[4]。以阿莉·霍赫希尔德(Arlie R. Hochschild)为代表的建构主义学派认为,社会文化与规则是情感的决定性因素,特定社会语境赋予了情感文化价值[5]。实证主义学派西奥多·D. 肯珀(Theodore D. Kemper)则假定情感差异是由社会结构系统决定,行动主体的权力地位对情感起决定性作用[6]。

在政治传播中,相关研究多关注国家权力如何争夺并渗透民众的情感世界[7]。"情感是社会的多棱镜,从中折射社会事实,聚焦社会冲突,链接社会秩序[8]。"兰德尔·柯林斯(Randall Collins)与霍赫希尔德指出,个体领域的私人情感是统治阶级与社会精英争夺的焦点,对于维护社会秩序与政权的合法性来说至关重要[9]。因此,社会治理需要引入情感与理性来构筑社会成员的一致性,巩固国家的"合法性"(legitimacy)地位[10]。当情感成为一套规范化与仪式性的述情话语(emotive)时,情感就具备了稳定政体合法性的功能[11]。巴里·理查兹(Bally Richards)将"情感治理"(emotional governance)定义为国家权力通过媒体有策略地对民众情绪进行动态管理的过程,他讨论了国家领导及媒体如何治理公众的恐惧情绪,以维护民主制度[12]。露丝·沃达克(Ruth Wodak)指出,后真相(post-truth)与后羞耻(post-shame)时代,国家治理与社会情感间的关联愈发强烈[13-14]。西蒙·科舒特(Simon Koschut)认为情感是软化国家权力结构与强化民众认同的重要中介与黏合剂,是世界范围内政治治理的重要工具。在"情本体"(affective state)的中国,国家与其说是意识形态的统治机器,倒不如说是民众强烈国族认同与自豪的情感载体[15]。

2. "原型"承担着情感共鸣与集体认同的语用功能

柏拉图将"原型"(archetype)理解为现实世界的理论本源。卡尔·荣格(Carl Jung)认为原型是经人类历史长期沉淀而成的,一种普遍的社会经验与隐形的文化基因,是心灵的虚像(virtual image)[16]。诺思洛普·弗莱(Northrop Frye)提出,原型是复杂可变的联想群,可以是意象、人物或是叙事模式与主旨,它们被同一文化群体的成员共享,是集体范畴内记忆与情感的体现[17]。

原型理论为研究新闻话语中的叙事表征与情感动员提供了有价值的理论视角。具体到新闻话语中,原型是反复出现的意象与母题。图恩·范·戴克(Teun van Dijk)指出,原型叙事是新闻报道实现劝服效果的有效路径[18]。原型的运用有助于媒体将分散的、原子般的社会个体聚合起来,使他们在情感共鸣中产生广泛的意义共享并建构集体认同[19]。

新冠肺炎疫情不仅仅是一场公共卫生事件,更是一种国族创伤,个人命运纳入国家苦难,成为建构集体记忆、凝聚国族认同与服务国家权力治理的中介。在“情本体”的中国传统文化下,国家执政者倾向于以情感濡化的方式对民众进行治理,将情感与伦理社会进行意涵勾连[20]。政府媒体不仅可以通过原型沉淀引导国族创伤中的舆论走向,还可以通过情感治理巩固政权的合法性、合情性与合理性。

二、样本抓取与筛选

vlog是指以第一人称视角展开,用视频形式记录生活,时长通常在10～20分钟的视频播客[21],具有情感交换与认同建构的社会功能[22]。自vlog被引进中国,因其可以支撑个体自我表达及展演的功能,以及其较低技术门槛等特性,很快受到年轻网民的追捧[23]。截至2019年,国内vlog用户数量达2.49亿,占中国互联网用户总数的近30%[24]。一方面,拍摄者通过拍摄、上传与分享完成自我展演与身体实践;另一方面,受众通过关注、点赞、评论与发弹幕等行为与拍摄者双向互动。传受双方的孤独、焦虑、社交渴望等情绪在互动中被抚慰,由此获得情感上的支持与认同[25-26]。近些年来,民众通过社会化网络媒体,愈发主动参与到公共讨论和舆论监督中,政治热情有所提高[27]。因此,携带互动网络文化属性与情感交换、认同建构社会功能的vlog可为疫情背景下政府媒体的情感治理提供契机。

哔哩哔哩、微博与抖音是国内vlog主要的网络发布平台,大量官方媒体与政府部门在这些平台上开通账号[24]。政府媒体具有其他社会化媒体不具备的权威性、公信力和影响力,担当着引导主流意识形态和主流价值观的责任。本研究在哔哩哔哩、微博与抖音上对政府媒体发布的所有相关疫情vlog报道进行全样本抓取,基于三轮检索测试,选定了7个关键词进行样本检索:①疫情;②COVID-19;③vlog;④日记;⑤武汉;⑥战疫;⑦抗疫。初次检索共得2300多个视频,经人工匹配筛选,最终得到205个可进行研究的vlog样本(见表1),样本发布时间从2020年1月25日—2020年4月15日,筛选标准为:以国内疫情为主题,且由政府官方媒体发布的非重复性的vlog报道。

表1 研究样本($N=205$)

标题	媒体	集数	发布日期
武汉:我的战“疫”日记	CCTV	31	2020年2月3日—2020年3月14日
#武汉观察/武汉 Vlog	CCTV	30	2020年1月27日—2020年4月1日
#岛叔在武汉 VLOG	人民日报·侠客岛	11	2020年3月1日—2020年4月15日
#“疫”线 Vlog	《人民日报》	7	2020年2月19日—2020年3月8日
#一个武汉伢的武汉日记	《人民日报》	1	2020年2月26日
#新华社记者武汉 VLOG日记	新华社	10	2020年1月25日—2020年2月28日
#疫线观察 VLOG	新华社	2	2020年2月14日

（续表）

标题	媒体	集数	发布日期
#90 后战‘疫’日记	《中国日报》	8	2020 年 3 月 1 日—2020 年 3 月 24 日
#战疫 vlog	中国新闻网	44	2020 年 1 月 31 日—2020 年 3 月 17 日
#直击武汉 vlog	北京日报·都视频	28	2020 年 1 月 28 日—2020 年 3 月 21 日
#记者直击武汉战役 vlog	四川日报报业集团·华西都市报·封面新闻	8	2020 年 1 月 9 日—2020 年 4 月 6 日
《我的白大褂·抗疫日记》	深圳广播电影电视集团	25	2020 年 2 月 10 日—2020 年 3 月 13 日

三、中国政府新冠肺炎疫情类 vlog 的内容分析

1. 类目建构与编码

有学者对疫情初期我国媒体相关文字报道进行了大数据聚类分析，提炼出“确诊病例”“医疗物资供应”“治疗和研究情况”“预防手段”“武汉故事”“心理健康”“疫情影响”“社会捐赠”与“出行要求”九大主题[28]；另有学者基于中国政府微博账号的内容分析，归纳出“信息共享”与“情感交换”两大一级主题，“信息共享”主题囊括“疫情最新资讯”“病毒科普”“预防建议”“政策与官方行动”等二级主题，“情感交换”主题囊括“同情与祝愿”“指责”“安心”与“恐慌”等二级主题[29]；刘兰兰基于新冠肺炎疫情新闻报道设置了“应对框架”“情感框架”“冲突框架”“事实框架”与“不常用框架”五类框架[30]；葛书润从疫情报道的非虚构写作切入，总结了“疫情现状”“防控措施”“慈善和志愿行动”“日常生活的英雄”“疫情其他影响”“回忆 SARS”六类框架[31]；彭宗超等基于新冠前期的网络大数据，构建了“疫情”“医情”“政情”“民情”与“媒情”的“五情”信息分析框架[32]。

基于上述文献成果，本研究通过对样本的观察总结与归纳，进行了相关内容分析的类目建构，如表 2 所示。

表 2　内容分析编码表

一级类目	二级类目	三级类目	指标说明
数量统计	点击量	/	观赞比指点赞量与点击量之比，可一定程度代表受众的认可度
	点赞量	/	
	观赞比	/	
内容统计	主要角色	医护人员	/
		患者	/
		志愿者	/
		社区工作者	/

(续表)

一级类目	二级类目	三级类目		指标说明
内容统计	主要角色	必需岗位工作者		如给医院隔离点等准备餐食的厨师、外卖员、大桥灯光维保工人、口罩生产工厂的工人与警察等
		其他普通民众		未能归类到上述类目中的其他民众,如滞留的外国人、学生等
		无		无主要角色
	内容主题	政情	防治举措	一是直击社会公共场所消杀与出入人员检测登记等安全防护;二是记录火神山、雷神山等方舱医院的施工进度、床位、电力等基础设施的完备情况
			物资供应	记录食物、防护服、口罩、药品等生活物资与医疗物资的购买、捐赠与运输情况
			疫后恢复	记录商场恢复营业、公共交通恢复营运、复工人员离乡返程、方舱医院关舱等后疫情时代社会秩序
		疫情	医者仁心	记录各地医疗队驰援武汉与医护人员救治护理的工作日常
			病患追踪	直击病情的检测、治疗的日常、药物的疗效与患者康复后的近况
		民情	志愿行动	记录坚守岗位或主动承担抗击疫情任务的普通民众与志愿者
			二线战役	记录居家隔离未参与一线抗疫的普通民众生活日常
		其他	/	未能归类到上述类目中的其他主题
	素材来源	网民素材		可分辨为普通网民拍摄,如无专业记者出镜,使用手机等简易设备
		媒体素材		可分辨为专业媒体拍摄,如记者的出镜,航拍延时摄影等技术的使用

两名新闻传播学硕士作为编码员接受了编码前的培训并开展了正式编码工作。编码员完成编码后交换编码数据并进行互相审核,意见不一致时,引入第三人意见并采纳多数意见。为检验编码间可信度,两次编码后基于随机抽选的20%的编码数据,本研究计算了Cohen's Kappa来评估编码的信度($k=0.82$),结果表明两次编码间存在较好的一致性。

2. 数据统计与分析

1) 角色框架:赋魅的"平民英雄"

如表3所示,样本中,"医护人员"作为主要角色占比最高,为48.3%,且平均观赞比最高,即受众认可度相对最高。占比排第二的是"其他普通民众",如学生、教师、企业白领等,为12.1%。排第三的是"必需岗位工作者",如为方舱医院和隔离点提供日常餐食的厨师以及大桥灯光维保工人等,占比10.7%。

表3 新冠肺炎疫情政府 vlog 角色框架分析

主要角色	vlog 数量/个	总占比/%	平均观赞比
医护人员	99	48.3	0.10
其他普通民众	25	12.1	0.04
必需岗位工作者	22	10.7	0.05
患者	16	7.8	0.06
志愿者	12	5.9	0.07
社区工作者	5	2.4	0.08
无	26	/	/

将马克思·韦伯(Max Weber)的“祛魅”(entzauberung)之说置于政治传播中,“祛魅”更多地指涉祛除政治偶像的神秘性、神圣性与高高在上,回归人性与世俗,使民众摆脱因蒙昧迷信产生的恐惧与崇拜[33]。在灾难事件中,“英雄”作为秩序的重建者与拯救者是常见的叙事原型,如治水的大禹与射日的后羿,但这种神话语境中的精英英雄如同被推上神坛的政治偶像,神性遥远又神秘,在“祛魅”后的社会化网络时代并不适用。于是,疫情中的政府 vlog 群像,不是专家、科学家、政府官员、企业家等精英或名人,作为主人公的英雄是战斗在一线的“医护人员”(48.3%)、“普通民众”(学生、教师与白领等,12.1%)、“必需岗位工作者”(送餐员、理发师、厨师、保安、铁路车间工人与生产工人等,10.7%)、“患者”(7.8%)、志愿者(5.9%)与“社区工作者”(2.4%),这些生活中普通的邻家小辈、平凡的幼童父母与寻常的妻子丈夫等是“平民英雄”。例如,为照顾肺炎宝宝给自家孩子断奶的护士、上门给医生免费理发的理发师、兢兢业业维护火车站各项设备的车间主管、为方舱医院和隔离点提供日常餐食的厨师以及在工厂通宵工作赶制防护面罩的夫妻等。

“赋魅”通过“祛魅”来实现,此处“魅”的内涵随着政治社会生态的变化而与时俱进。传统政治中英雄的神性化被祛除,重新赋予其可敬可爱真实细腻的新“魅”。这些被赋魅的平民英雄既“代”又“表”大众,成为“有效的国家叙事”[34]。从平均观赞比看亦是如此,“医护人员”(0.10)、“社区工作者”(0.08)与“志愿者”(0.07)分列观赞比前三。由此,他们传递的无私利他奉献的集体主义精神与爱国主义情感才有可能成为民众接纳并追随的社会价值规训。

2. 内容框架:返魅的“奇迹政府”

如表 4 所示,样本中,占比最高的一级主题是“疫情”,为 50.7%,此类 vlog 主要记录抗疫前线医护人员的工作。占比排第二的一级主题是“政情”,为 25.4%,多记录政府抗疫时高效的行动,此类中“疫后恢复”二级主题平均观赞比最高,为 0.08,此类 vlog 多描绘党和政府正确指挥方舱医院顺利关舱、商场恢复营业、公共交通恢复营运与复工人员离乡返程等场景,如表 4 所示。

表4 政府新冠疫情vlog内容框架分析

内容框架		vlog数量/个	总占比/%		平均观赞比
政情	防治举措	19	9.3	25.4	0.04
	物资供应	12	5.9		0.05
	疫后恢复	21	10.2		0.08
疫情	医者仁心	85	41.4	50.7	0.07
	病患追踪	19	9.3		0.05
民情	志愿行动	22	10.7	18.0	0.05
	二线战役	15	7.3		0.04
其他	/	12	/		/

韦伯的"祛魅"之说伴生着"神性化—去神性化—人性化"的赋魅"平民英雄"叙事原型。同样的,尽管韦伯主张打破政治偶像的严肃性、权威性与神秘性,但"魅"仍为现代社会持续需要,超凡魅力的领袖仍具有存在的意义与价值[35]。因此,疫情政府vlog中借用"竞赛""征服"与"加冕"三脚本建构了"奇迹政府"的叙事原型,以vlog构筑的真实现场与可知可感的视听体验,实现政治权力的理性返魅,并获得民众的主动认同。例如,政府vlog通过展现方舱医院现场机器高速运转与工人加班加点的画面,建构了一个与病毒和时间赛跑的"竞争"语境;通过展现隔离状态下生活物资的正常供应与后疫情时代民众的有序复工建构了一个病毒被"征服"的语境,并通过"基建狂魔"与"中国速度"的表彰,建构了一个世纪大疫下的"加冕"语境,由此完成"奇迹政府"的原型建构。休谟认为"奇迹"是神的意志或某个看不见的行动者(some invisible agent)的干预所造就。政府vlog中,"神"则明确地指向了"被看见的行动者"——党与政府。二级主题"防治举措""物资供应"与"疫后恢复"表征的正是党与政府抗疫的丰富经验和累累硕果,彰显的是党与政府有力的决策动员和指挥能力。

伊芙特·皮洛(Yvette Biro)认为"原型作为社会群体的凝聚力,可以维护社团集体意识,提供行为模式"[36]。"奇迹政府"原型通过展现危急时刻党和政府的能力责任与担当,将党和政府返魅为民众的"保护神",这不仅可以鼓舞民众战胜疫情的信心,将疫情下社会结构失衡带来的潜在冲突隐匿化,还可以激起民众对政权的认同感与自豪感,正如"政情"中"疫后恢复"获最高平均观赞比(0.08)。"返魅"通过"祛魅"来实现,返魅后的"奇迹政府"祛除了不为民众接受的神秘与神圣感,以vlog的真实画面与第一视角的言说保持本真"魅"力,使民众的追随成为基于理性认同下的主动选择,因此更为牢靠。

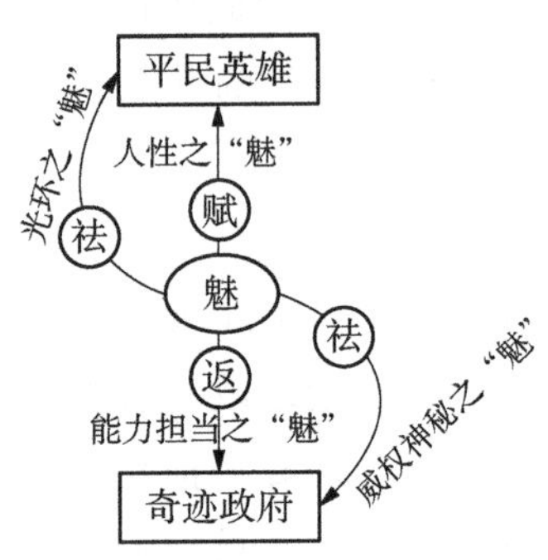

图1 情感治理的逻辑:赋魅与返魅

综上所述,在"小叙事"(small narratives)语境下,政府媒体以"祛魅"实现"赋魅"与"返魅"。如图1所示,通过祛除精英英雄的光环之"魅"赋予平民英雄的人性之"魅",通过祛除政府的威权神秘之“魅”重返政府的能力担当之“魅”。在这种治理逻辑下，建构“平民英雄”与“奇迹政府”两大叙事原型，以传递爱国主义情感并建构国族认同。

3. 内容素材：源自网民

如表5所示，从整体来看，按“内容主题”分类，“疫情”（71.1%）与“民情”（78.4%）主题下的政府vlog亦多使用网民所分享素材。政府媒体倾向于引导并收编用户素材以完成内视角下抗疫群像的刻画与传播，用户亦愿意主动参与并分享自己的抗疫生命故事。用户素材这种情感化的个人展演更能贴近民众，更具感染力。

表5 新冠肺炎疫情政府vlog素材来源分析

素材来源	总计	内容框架							角色框架					
		政情			疫情		民情							
		防治举措	物资供应	疫后恢复	医者仁心	病患追踪	志愿行动	二线战役	医护人员	患者	必需岗位工作者	志愿者	社区工作者	其他普通民众
媒体	79	15	8	13	17	13	5	3	30	10	7	4	2	8
网民	126	4	4	8	68	6	17	12	69	6	15	8	3	17

此外，“政情”主题则多使用媒体素材（69.2%），此类主题下的vlog多展现政府的抗疫布局与行动，媒体素材因其专业性通常比用户素材更能确保叙事的客观与冷静，作为情感表达的理性补充，保证了情感治理的平衡性。

四、研究发现与讨论：国族创伤下我国政府社交媒体情感传播策略

乔尔·S.米格代尔（Joel S. Migdal）指出，“国家”是一个具有凝聚力与控制力的实体，但国家的整体性会被社会行为冲突等解构[37]。只有在内部矛盾被暂时搁置时，“国家”的可见性才会凸显[38]。疫情是中国政府面临的一次内外双重危机。一方面，国际社会上反华阴谋论甚嚣尘上，另一方面，中国本土尤其是武汉疫情局势一度十分紧张，民众的焦虑、恐惧、不安、伤痛等负面情绪持续蔓延。然而，疫情虽“危”亦是“机”，基于上文内容分析的数据，本研究认为，疫情类政府vlog中的“原型”叙事呈现以下政府社会化媒体的应对策略。

1. “治愈的爱国主义”原型

本研究创新性地提出“治愈的爱国主义”这一原型作为赋魅的“平凡英雄”与返魅的“奇迹政府”两种叙事原型，认为：“治愈的爱国主义”原型通过祛魅实现赋魅与返魅，政府媒体借此完成对国族创伤中民众的价值引导与情感治理。

“治愈”用来指患者生理或心理上的痊愈。人类学家罗伯特·A.哈恩（Robert A. Hahn）认为文化可抚慰心灵，释放负面情绪，在疾病治愈中起重要作用[39]。因此，“治愈”一词在国族创伤中的使用非常恰当。爱国主义与网络民族主义有共通之处，如对本民族利益

的维护,但爱国主义超越网络民族主义,它立足本民族又面向世界,是开放的、理性的与工具性的[40]。中国官方媒体亦多使用“爱国主义”这一话语表达与大众舆论建立一种从联动、协同到共识的合作关系。

基于此,本研究将“治愈的爱国主义”原型定义为:受意识形态影响的集体无意识的表征,它在国族创伤事件中被激活,成为治愈民众心理创伤、激发民众国族认同与巩固政权合法性的理性化的情感工具。“治愈的爱国主义”原型囊括了历时性与共时性两个层面:历时性维度指集体无意识或集体记忆,如“英雄情怀”与“国家之爱”的传统政治美德,它通过建构赋魅的“平民英雄”原型成为民众接纳并追随的行动榜样;共时性维度指时代语境下的意识形态与主流价值,如官方爱国主义话语体系与国族认同,它通过建构返魅的“奇迹政府”原型成为民众主动选择后的理性认同。具体来说,通过异项标出、个体治愈、集体治愈与国家治愈四个阶段,“治愈的爱国主义”原型完成情感治理的实践(见图 2)。

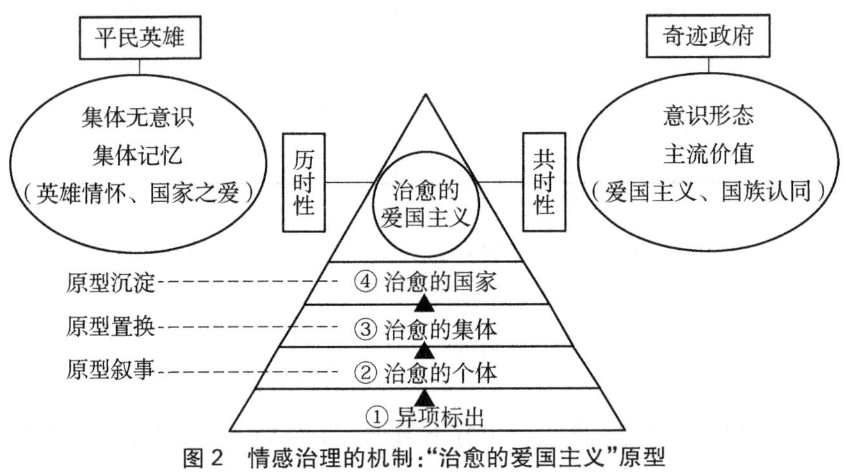

图 2　情感治理的机制:“治愈的爱国主义”原型

1) 治愈的前提:灾难/英雄的异项标出

德国学者扬·阿斯曼(Jan Assmann)指出,“文化记忆是集体在反复进行的社会事件中获得的代际传承的指导行为的经验与知识”[41]。现阶段,社会的层化现象使网络舆论事件的解读习惯性带有二元对立式的情感倾向,如官/民、贫/富、城/乡、劳/资、医/患、男/女等对立异项的建构,这种冲突性的原型建构激活了民众对这些社会角色既有的文化记忆。在本研究语境中,政府通过灾难/英雄这一对冲突性异项的标出,以“平民英雄”这一身份标识唤起了民众对灾难中“英雄救世”的集体记忆,这为唤起民众的爱国主义情感完成了前提准备。

2) 治愈的个体:原型叙事的自我对话

弗洛伊德认为,固结(fixation)与强迫重复(compulsive repetition)是精神创伤难以愈合的诱因,鼓励病人主动说出创伤,宣泄创伤,才能起到疗愈的作用[42]。叙事疗法(narrative therapy)同样认为书写与叙事是患者重获寻生命意义的重要手段[43]。本研究中,vlog 的拍摄主体从第一视角记录抗疫生命故事,通过自我对话释放情感创伤,宣泄心理情绪,重塑自我认知，使压抑的悲伤得到转移与升华，实现自我治愈。这种治愈是一种特殊的情感能量。正如荣格在论述神话原型时指出，“神话原型出现之际通常伴随着特殊情感能量的产生”[44]。

3）治愈的集体：原型置换下的群体共情

原型是被建构的文化符码，在新的社会情境下会被重新激活，这一过程就是原型的置换（displacement）。新冠肺炎疫情成为激活国族创伤“爱国主义”原型的社会情境。政府vlog真实细腻的画面比冰冷的数据或严肃的记录更能唤起民众的情感介入与积极的反应，而创伤“证言”（testimony）“能超越个人遭遇，产生一种集体感”[45]。政府vlog中平凡个体的抗疫生命故事作为一种“证言”，为集体唤起情感凝聚提供空间。正如乔纳森·特纳（Jonathan Turner）提及的人有“群体卷入”的需求，民众在共情（empathy）中实现集体疗愈。

4）治愈的国家：原型沉淀后的国家之爱

在中国文化中，“国”与“家”从来不是二元分立的，国家是由土地、民众、文化与政权等构成的共同体。儒家文化影响下，“家”与生产、宗庙、宗族、统治等意义相互关联，国家是依附血缘、地缘形成的政治文化共同体[46]。从个体治愈到集体疗愈，如何实现民众情感的进一步升华是重构国家可见性与巩固政权合法性的关键。此时，国家之爱恰如其分地出现。政府vlog中，平民英雄赴国难，舍小家的故事阐释了何为“家国同构”；方舱医院快速建成、物资保障供应与有序复工阐释了何为党和政府领导下的“中国奇迹”。这些可感知的视听冲击促使民众将“集体”的概念延伸到“国—家”嵌套的共同体中，爱与认同在共同体内传递，民众的家国情怀与国家之爱不断凝聚强化，从而实现了国族创伤中的国家治愈。

2. 互嵌式的情感治理模型

与资本相比，政治权力争夺民众情感世界的方式更强大且更隐蔽[47]。情感治理是政党实现政治蓝图的重要工具[48]。在与疫情相关的政府vlog中，超过半数(126/215)的样本是基于网民素材完成的。官方通过对民间的邀约与改编，完成政治权力合法性的运作与民众国族认同的建构。由此，本研究进一步认为，“治愈的爱国主义”原型既体现了国家对民众的情感引导、动员与治理，又调动了普通民众对官方情感治理的靠拢、模仿与认同，双方的交融是积极的、主动的。其价值在于构建了一种互嵌式的情感治理模型，实现了民众从涉入到卷入的行动转变，以及情感治理从嵌入到互嵌的策略转变。

如图3所示，国族创伤发生时，民众首先产生负面情绪的积累。情感治理中“治愈的爱国主义”原型应运而生，它成为国族创伤中媒体叙事的规律性原型，反复出现，实现劝服效果。

“嵌入性”（embeddedness）的概念最早由卡尔·波兰尼（Karl Polanyi）提出，认为经济行为嵌入在社会制度中。马克·格兰诺维特（Mark Granovetter）从社会学维度发展了嵌入理论，提出“人类是嵌入在社会系统中的”[49]。嵌入式情感治理时，作为主体的政府媒体通过原型建构影响作为客体民众的认知、情绪、态度与价值，民众认同该原型，并完成相应积极情感的蓄积，进行简单的政治“涉入”（involvement），如通过点赞或转发相关报道完成“点击式参与”（point-and-click activism）与“认知参与”（cognitive participation），是静态的从属关系与单方面的因果机制，割裂了行动者的双重本性[50]。本研究提出“互嵌”，旨在通过赋

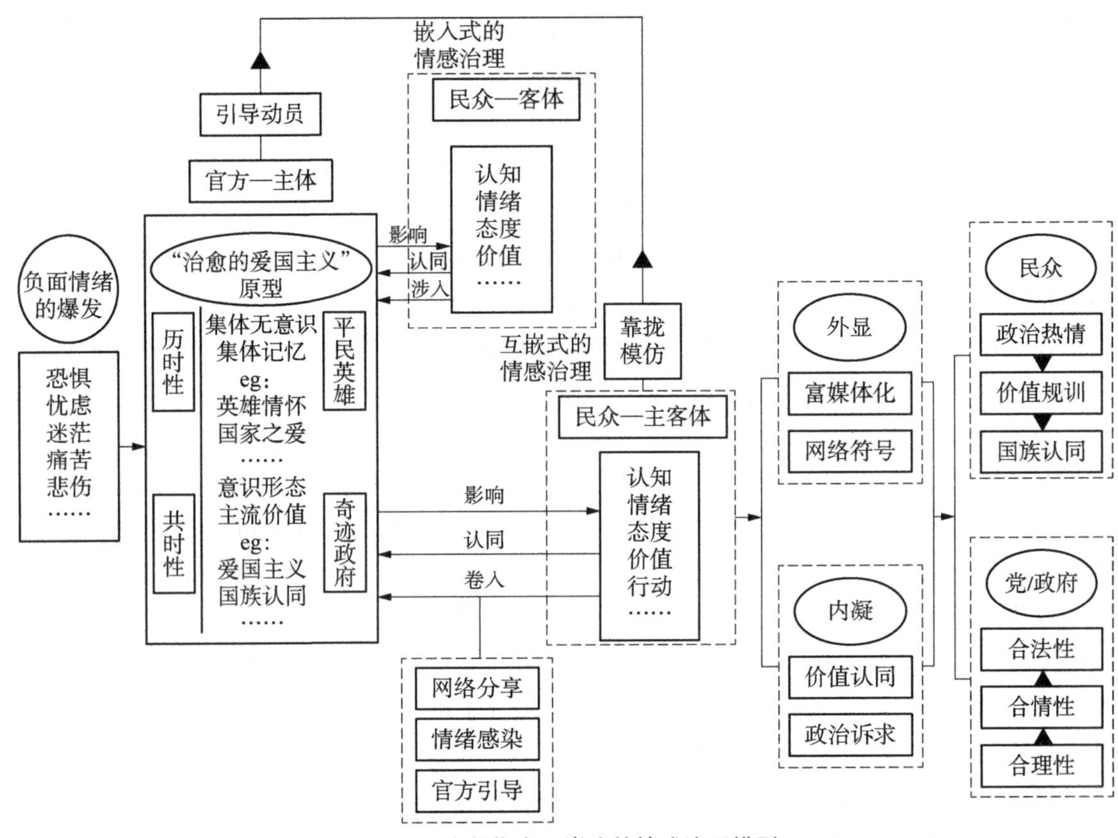

图3 国族创伤中互嵌式的情感治理模型

予民众主客体的双重身份,突破嵌入式治理的困境,这种互嵌表现出积极的、卷入的与理性的特性。

互嵌式情感治理时,在网络分享、情绪感染与官方引导下,生活在强调集体主义文化中的民众,将爱国情感与政府媒体的情感治理范式相互嵌入,民众开始主动"卷入"到情感治理中,在认同原型的同时采取相应的"行动"。例如,网民"蜘蛛猴面包"自发借助 vlog 记录自己作为志愿者接送医护人员、配送物资等抗疫故事。美食 UP 主(上传者)"食贫道"实地调查采访记录"我"镜头下的疫情与最真实的武汉。他们的作品被《人民日报》与央视新闻转载发布。此外,央视新闻、湖北广电等官方媒体在快手、二更等短视频 App 上向用户发起疫情 vlog 征集活动,大批用户积极响应,与政府媒体协同完成了《武汉:我的战役日记》的制作。

在这种双向嵌入的过程中,官方对民众情感进行引导与动员,而民众向政府媒体建构的原型靠拢并进行模仿,由此,互嵌式的情感治理机制形成。该机制存在于网络空间,依托于网络技术,外显为富媒体化的网络符号,可以调动民众的政治热情,潜移默化中实现对民众的价值规训与国族认同的强化,内凝官方的价值认同与政治诉求,完成对政权合法性、合情性与合理性的确认。

3. 原型驱动下情感治理的媒体策略

综上所述,在赋魅返魅的逻辑下,政府媒体在 vlog 叙事建构了赋魅的"平民英雄"与返魅的“奇迹政府”两类原型，借用 vlog 这种特殊的视听社交工具，将“私人经验”与“公众经验”交织，画面的真实与叙事的细腻更容易唤起民众亲近的共情与共识。由此，精英式的英雄被解构，教化式的政治宣传被打破，取而代之的是平凡化人性化的身边英雄与有能力有担当的党与政府形象，这不仅可以治愈民众因疫情造成的心理创伤，还可以激起他们对政治权力的认同，使情感治理更具魅力。

当赋魅的“平民英雄”与返魅的“奇迹政府”两种叙事原型统一，囊括了“英雄情怀”“国家之爱”这些历史性政治美德与当代官方政治规训的“治愈的爱国主义”原型应运而生。沿个体治愈→集体疗愈→国家治愈的脉络，情感治理由最初 vlog 拍摄主体自我对话中的自我治愈，上升至普通民众在英雄群像中的共情治愈，最终升华为国家层面爱与认同的传递，国家成为民众的“可见之物”[34]。官方不再单向主导情感治理而是以引导的方式动员民众参与其中；民众不再只是被动地涉入而是能动地卷入到情感治理中，认同原型的同时采取相应的行动。这种内嵌网络文化基因的 vlog 赋予民众主客体的双重身份，突破嵌入式治理的困境，政治权力完成了对民众的价值规训与国族认同的建构，民众的爱国情感与政府媒体的情感治理范式互相嵌入耦合，形成了社会化网络媒体下一种互嵌式的情感治理机制。

参考文献

[1] Dixon T. From passions to emotions: The creation of a secular psychological category [M]. New York: Cambridge University Press, 2003.

[2] Wickberg D. What is the history of sensibilities? On cultural histories, Old and new [J]. American Journal of Ophthalmology, 2007,112(3):661-684.

[3] 斯宾塞，沃尔比，亨特. 情感社会学[M]. 张军，周志浩，译. 南京：江苏凤凰教育出版社，2015.

[4] 王鹏，侯钧生. 情感社会学：研究的现状与趋势[J]. 社会，2005(4):70-87.

[5] Hochschild A R. Emotion work, feeling rules, and social structure [J]. American journal of sociology, 1979,85(3):551-575.

[6] Kemper T D, Collins R. Dimensions of microinteraction [J]. American Journal of Sociology, 1990,96(1):32-68.

[7] Zhang W, Wang M, ZhuY C. Does government information release really matter in regulating contagion-evolution of negative emotion during public emergencies? From the perspective of cognitive big data analytics [J]. International Journal of Information Management, 2020,50: 498-514.

[8] 郭景萍. 西方情感社会理论的发展脉[J]. 社会，2007(5):1-21+92-93.

[9] Collins R, Annett J. Conflict sociology: Toward an explanatory science [M]. London: Academic Press, 1975.

[10] 马超峰，薛美琴. 社会治理中的情感回归与张力调适[J]. 兰州学刊，2018(2):181-189.

[11] Heaney J G. Emotion as power: capital and strategy in the field of politics [J]. Journal of Political Power, 2019,12(2):224-244.

[12] Richards B. Emotional governance politics, media and terror [M]. New York: Palgrave Macmillan, 2007.

[13] Wodak R. Entering the 'post-shame era': the rise of illiberal democracy, populism and neo-

authoritarianism in Europe [J]. Global Discourse: An interdisciplinary journal of current affairs, 2019,9(1):195-213.

[14] Koschut S. Can the bereaved speak? Emotional governance and the contested meanings of grief after the Berlin terror attack [J]. Journal of International Political Theory, 2019, 15(2): 148-166.

[15] Bond M H. Emotions and their expression in Chinese culture [J]. Journal of nonverbal behavior, 1993,17(4):245-262.

[16] 荣格.荣格文集(第五卷)[M].徐德琳,译.北京:国际文化出版公司,2011.

[17] Frye N. Anatomy of criticism: Four essays (Vol. 70) [M]. Princeton, NJ: Princeton University Press, 2020.

[18] Van Dijk T A. News as discourse [M]. London: Routledge, 2013.

[19] 曾庆香.新闻话语中的原型沉淀[J].新闻与传播研究,2004(2):66-72+97.

[20] 王向民.传统中国的情治与情感合法性[J].学海,2019(4):55-63.

[21] Luo X, Deng L, Jiang C. Brief Discussion on the Transmission and Development of Vlog in China [J]. Frontiers in Educational Research, 2019,2(5):148-153.

[22] Rahman N S A. Hijabi Vloggers: Muslim Women's Self Expression and Identity Articulation on Youtube [D]. Toronto, Ontario, Canada: Ryerson University and York University, 2012.

[23] Ash J. Media and Popular Culture [M]//Ash J, Kitchin R, Leszczynski. Digital Geographies. London: Sage, 2018:143-152.

[24] 艾媒网.艾媒报告|2019中国Vlog商业模式与用户使用行为监测报告[EB/OL].(2019-06-11)[2021-03-14]. https://www.iimedia.cn/c400/64757.html.

[25] Rosenbusch H, Evans A M, Zeelenberg M. Multilevel emotion transfer on YouTube: Disentangling the effects of emotional contagion and homophily on video audiences [J]. Social Psychological and Personality Science, 2019,10(8):1028-1035.

[26] Teijeiro-Mosquera L, Biel J I, Alba-Castro J L, et al. What your face vlogs about: Expressions of emotion and big-five traits impressions in YouTube [J]. IEEE Transactions on Affective Computing, 2014,6(2):193-205.

[27] 顾洁,闵素芹,詹骞.社交媒体时代的公民政治参与:以新闻价值与政务微博受众参与互动关系为例[J].国际新闻界,2018(4):50-75.

[28] Liu Q, Zheng Z, Zheng J, et al. Health communication through news media during the early stage of the COVID-19 outbreak in China: digital topic modeling approach [J]. Journal of medical Internet research, 2020,22(4):e19118.

[29] Liao Q, Yuan J, Dong M, et al. Public engagement and government responsiveness in the communications about COVID-19 during the early epidemic stage in China: infodemiology study on social media data [J]. Journal of medical Internet research, 2020,22(5):e18796.

[30] 刘兰兰.框架视野下新冠肺炎疫情报道研究——基于微信热文的文本结构与内容挖掘分析[J].新闻爱好者,2020(5):17-21.

[31] 葛书润.底层视角与残缺视野——基于新冠疫情中“非虚构”写作的报道框架实证分析[J].中国记者,2020(4):114-117.

[32] 彭宗超,黄昊,吴洪涛,等.新冠肺炎疫情前期应急防控的“五情”大数据分析[J]治理研究,2020(2):6-20.

[33] 麦克奈尔.政治传播学引论[M].殷祺,译.北京:新华出版社,2005:36-37.

[34] 史密斯. 民族主义理论、意识形态、历史[M]. 叶江,译. 上海:上海人民出版社,2006:90.
[35] Bauman Z. Postmodern Ethics [M]. Oxford, UK: Basil Blackwell, 1993:33.
[36] 颜翔林. 论当代神话及其存在类型[J]. 文艺理论研究,2015(3):25-33.
[37] 米格代尔. 社会中的国家:国家与社会如相互改变与相互构成[M]. 李杨,郭一聪,译. 南京:江苏人民出版社,2001.
[38] 钟智锦,王友. "王者"的意义:奥运冠军报道的特征与话语中的国家意识(1984—2016)[J]. 新闻记者,2018(7):73-83.
[39] Hahn R A. Sickness and healing: An anthropological perspective [M]. New Haven, Connecticut: Yale University Press, 1995.
[40] 雷娜,段晓芳. 网络爱国主义的内涵、张力与辨析[J]. 理论视野,2018(2):70-75.
[41] 奥斯曼,陶东风. 集体记忆与文化身份[J]. 文化研究,2011(1):3-10.
[42] 弗洛伊德. 精神分析导论讲演[M]. 周泉,严泽胜,赵强海,译. 北京:国际文化出版公司,2007.
[43] 陈刚. 作为竞争与疗法的叙事:疫情传播中个体叙事的生命书写、情感外化与叙事建构[J]. 南京社会科学,2020(7):97-106.
[44] 叶舒宪. 探索非理性的世界——原型批评的理论与方法[M]. 成都:四川人民出版社,1986.
[45] Kaplan E A. Trauma culture: The politics of terror and loss in media and literature [M], New Brunswick, New Jersey and London: Rutgers University Press, 2005.
[46] 燕边福. 试论中国古代"家"的内涵、功能与意义[J]. 贵州社会科学,2017(3):21-27.
[47] Yang G. (Un) civil society in digital China | Demobilizing the emotions of online activism in China: A civilizing process [J]. International Journal of Communication, 2018,12:21.
[48] Schneider F, Hwang Y J. The Sichuan Earthquake and the Heavenly Mandate: legitimizing Chinese rule through disaster discourse [J]. Journal of Contemporary China, 2014,23(88):636-656.
[49] 格兰诺维特. 镶嵌:社会网与经济行动[M]. 罗家德,等译. 北京:社会科学文献出版社,2015.
[50] 吴义爽,汪玲. 论经济行为和社会结构的互嵌性——兼评格兰诺维特的嵌入性理论[J]. 社会科学战线,2010(12):49-55.

嵌入与脱嵌：媒介互动视阈下婚恋微信群用户的身份建构研究

张文婷①

【摘　要】 婚恋微信群是一类嵌入日常生活空间、连接着单身用户的互动场域，用户在这类“混合中区”里不断构建着自身的多重身份，既有置于前台的表面化交流，又有表示真实个性和真诚交友的后台内容。部分用户尝试建构自身的操演性身份，将那些指向现实个体境况和真实交友动机的“深后台”隐藏于群聊的媒介互动中。这个过程得益于“虚拟空间”的助推、“个体欲望”的支配以及社会文化的综合影响，应进一步识别不同类型的群聊用户在媒介互动中的身份信息与交往行为。

【关键词】 微信群；媒介互动；中区行为；身份建构

今天，微信深刻地影响了人们的日常社交生活，依托微信发展起来的微信群构建了一个用户群体交流的线上空间。不少婚恋类公众号或自媒体通过组建微信群为单身用户提供婚恋交往的媒介和平台。这些婚恋微信群构建了线上互动的婚恋活动情境，促成了新媒介环境下更复杂、动态的婚恋交往关系。

一、“情境—角色—行为”的分析维度

在现有的大多数微信群研究中，既要着眼于互动过程与用户行为，也要关注微信群社区共同体的建构。不过，大多数微信群“不同于一般的族群，群内没有组织、信仰、规则，成员之间的沟通是随意和自由的”[1]。在脱离了认同、互助、共同目标等凝聚力强的社会情境后，异质性的个体如何在微信群中相遇并互动，他们如何处理自身在群聊中的自我定位及自我认识呢？作为用户的他们如何在媒介使用过程中积极主动地进行身份建构呢？婚恋微信群作为特定类型的微信群，也是一类嵌入大多数生活空间、连接着普遍存在的单身用户的互动场域。可以从“情境—角色—行为”的分析维度对婚恋微信群展开研究，进一步探索线上婚恋互动过程。

相较以往线上社区共同体构建的研究而言，“情境—角色—行为”的分析维度更关注个

① 杭州电子科技大学讲师、博士。

体用户在高异质性社区（情境）中的身份建构（角色）和交往活动（行为）。这个分析维度可以回溯到欧文·戈夫曼（Erving Goffman）提出的“拟剧论”，他将人类社会生活的空间与戏剧空间类比，将特定情境中的特定主体行为和角色划分为“前台区域”（角色扮演）和“后台区域”（自我状态）[2]123。“拟剧论”将情境设置在了日常生活的“社会互动”中，关注人们如何运用诸种符号来操演和建构自己的社会形象。传播学者约书亚·梅罗维茨（Joshua Meyrowitz）对戈夫曼社会互动剧场模式进行修正，认为电子媒介孕育的新场景并非后台和前台表演的严格分离，而是出现了一个“中间地带”[3]65-67。梅罗维茨将戈夫曼的“社会互动”引入“媒介互动”的场景中，人们进行角色扮演或身份建构的“日常行为”是一种“中区行为”，即互动“情境”是动态变化的，在大多数混合性场景中的“中区行为”才是人们最主要的互动形态。

“中区行为”大多数发生在“媒介互动”的情境之中。剑桥大学社会学教授约翰·B. 汤普森（John B. Tompson）将“媒介互动”的社会组织结构分为四种类型（见表 1）[4]。面对面互动与戈夫曼的“拟剧论”对应，“中介式互动”指的是语音电话等对话式的、一对一的互动，基于广播、电视等的“准媒介互动”呼应了梅罗维茨的“媒介情境论”，“媒介在线互动”描述的是社交媒体时代的拟态互动。微信群构建起一组新的情境融合关系，即真实社会情境和虚拟社会情境的互动。当一个个体加入了虚拟社区后，与网上其他成员有关的身份就是他或她的在线身份[5]。前后台融合的中区地带既有不同媒介带来的互动效果，又有个体相对独立的身份认知，需要着重考察相应情境下用户行为与角色形象的变化。

表 1　媒介互动的社会组织结构

互动类型	时空构成	符号线索	互动方式	行动导向
面对面互动（Face-to-face interaction）	共现语境	全部	对话	共同在场
中介式互动（Mediated interaction）	时空延伸	受限	对话	一对一
准媒介互动（Mediated quasi-interaction）	时空延伸	受限	独白	一对多
媒介在线互动（Mediated online interaction）	时空延伸	受限	对话	多对多

二、婚恋微信群的“媒介互动”类型

很多时候，婚恋微信群中的互动并不是单一的，不仅兼具“媒介互动”的多种类型，而且随着情境变化会引发用户不同的行为选择与角色扮演。群聊过程是主要的“媒介在线互动”形式，这种互动又与另外三种互动相关联：对于潜水者而言，他通过观看群内互动的方式（准媒介互动），进一步确认自己的心仪对象；当公众场域中的交流转向一对一的私聊时，语音、视频等方式（中介式互动）将可能开启，这为未来的线下见面（面对面互动）埋下了伏笔（见图 1）。婚恋微信群是一种典型的从线上交流向线下互动拓展的虚拟空间，异质性强的各种单身用户穿越物理空间实现共同在场，这个过程中的媒介行为与互动模式正持续改变。“情境—行为—角色”的路径能为我们理解用户个体在网络空间中的中区行为和身份建构提供理论支撑，深化婚恋微信群中的“媒介互动”研究。

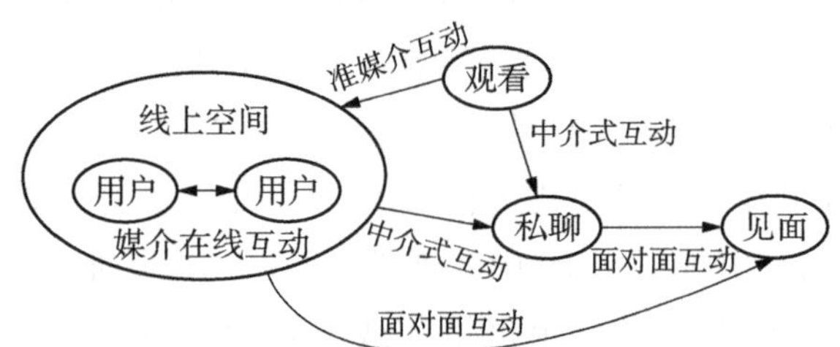

图 1　婚恋微信群中的互动类型及其流程

本研究主要着眼于婚恋社交如何进入单身用户的日常生活场景，以及个体在其中的互动状态和身份建构。通过网络民族志的方式对婚恋微信群进行研究，选取了 6 个婚恋微信群（见表 2）为观察地点，并根据微信群的特点以“潜水”“主动参与”等方式开展研究。

表 2　研究过程中涉及的婚恋微信群

序号	人数	是否需要缴费	群成员是否活跃	学历要求
Q1	500	否	是	本科及以上
Q2	390	是	否	研究生及以上
Q3	152	是	否	研究生及以上
Q4	291	否	是	不限
Q5	284	否	否	研究生及以上
Q6	99	是	是	本科及以上

三、混合中区的嵌入：婚恋微信群用户的身份建构及其特征

在婚恋微信群中，用户的身份建构离不开“媒介互动”的过程：“社会身份”与用户的阶层特征、社会地位等相关，能使用户在群聊中被识别或特殊对待；“自我身份”表现为群聊的态度或者偏见影响用户的自我认知；“个人身份”是中间环节，通过对其控制和改变，能提升“社会身份”并获得更大的“自我身份”认同。

随着微信群给人们带来方便和无处不在的联系，日常生活的许多方面被重新嵌入线上的互动框架中。在场感的转换、边界的移动、空间场景的融合、身份的杂糅，这一切构成了公/私空间的互嵌。日常生活中的“私人场景”被置于“公共场景”中供人观看与评论，“后台”自觉抑或不自觉地被推向了“前台”。在这种新型中介化场景即“中间地带”（middle region）中，严格遵从公开或正式的角色已经不再可能；同样，完全地采取私下或非正式的行为模式也不再能被接受[3]65。每个用户的互动范围可划分为“前前台”“深后台”“混合中区”

三个部分，“前前台”指的是可以直接在婚恋群中发布和共享的个人基本资料等，“深后台”涉及个体的真实境况、潜藏的交友目的等，“混合中区”则是这两者的交界与融合。大多数用户寻求一种“中间地带”行为，将混合中区的日常化状态嵌入婚恋微信群的交流中，进而平衡互动空间的半公开半私人特性（见表 3）。

表 3　社会互动剧场模式的发展与应用

<table>
<tr><th>戈夫曼：面对面机遇</th><th>梅罗维茨：中介化际遇</th><th>婚恋微信群的媒介互动</th></tr>
<tr><td>“前台”（front stage）
角色化的表演公共的</td><td>“前前台”（forward front stage）
公共的仪式化的行为</td><td>真实的个体境况，
潜藏的交友目的</td></tr>
<tr><td rowspan="2">“后台”（back stage）
休息和排演私人的</td><td>“中间地带”（middle region）
公共和私人行为的混合角色</td><td>“社会身份”“个人身份”
“自我身份”的互动与认知</td></tr>
<tr><td>深后台”（deep back stage）
休息和排演绝对的私人性</td><td>群勾搭、群资料的展示，
表面化的群聊</td></tr>
</table>

1. 社会布景中的“社会身份”建构

社会布景（settings）指用户通过对方外表的第一印象就能预见其类型和特征，这些类型和特征即“社会身份”（social identity）。在戈夫曼看来：“社会身份”这个术语既包含了诸如“职业”这类结构特征，又包含了诸如“诚实”这类个人特征，所以比“社会地位”这一术语要好[6]2。社会身份需要在相应的情境中，通过文字信息或视觉符号展现出的职业、性格和婚恋状况等社会结构特征。

社会布景也被视为“舞台设置”，能确定相应情境中遇到的用户类型。部分婚恋微信群的准入门槛便是最基本的社会布景，通过学历、地域等来限定微信群的用户类型，使用户的择偶范围更聚焦。大多数婚恋微信群还建立了相应的社交框架和行为规范，用来提高用户的发言质量以及用户之间的沟通效率，进而实现婚恋交友的最终目的。在婚恋微信群中，用户的初始“社会身份”主要有以下两种方式：一是入群后撰写“群名片”。进群的用户需要根据管理员的要求，在群里发布个人信息或简介，与群里的其他人进行互动。二是用户微信账号提供的信息，包括微信头像、微信朋友圈的相册封面、个性签名，以及个别用户向陌生人开放的前十条朋友圈信息。这些信息可以表征部分用户的职业特征、性格特征等，以便他人在开始聊天之前能有所了解。这些线上明显可见的社会布景具有展示的作用，通过文字、图片等符号具象地构建着个人的社会身份。

不该出现在“前前台”的“社会身份”信息也可能会被“泄露”出来。从“社会身份”信息的主动泄露来看，有的用户把“社会身份”当作借口，解释自身遇到的不顺或由其他原因造成的失败。例如，有用户将分手、离婚的理由解释为自己的出身和背景不好，也有用户通过构建相应的社会身份（行业惯例、工作忙碌、事业有成等）解释大龄单身的原因。而被动泄露大多是因为原有的“社会身份”信息不真实，在经多方反馈被群内其他用户曝光的情况也偶有发生。部分婚恋微信群的群主或管理员能掌握大多数群成员的个人信息，根据用户的社会身份性质,衡量用户是否有进入微信群的资格以及能够进入哪些分类的婚恋微信群。与此同时,还会建立黑名单,将名声太差、刻意隐瞒的用户移出微信群。有的用户在不同类型的婚恋微信群呈现不同的社会身份,虚拟的和真实的社会身份之间可能有差距。Q1 群的群主反映曾有用户隐瞒自己有女友、有女儿的真实情况,“装富豪,做海王,狩猎女生”。潜藏于深后台的不良交友目的一旦为人所知,往往会被群内的其他用户抵触和指责。

2. 持续交流中的“个人身份”建构

社会身份指的是“我们”(us)和“他们”(them)的归类,其凸显性取决于个体把内群体与外群体之间的比较;而个人身份指的是“我”(me)和“非我”(not me)的归类,当情境中的个体与内群体其他成员进行比较时,个人身份的属性才会凸显出来。根据社会布景进行初步划分的婚恋微信群,聚集了较多相同职业或类似社会背景的用户,如有的群以公务员、教师行业者居多,有的群服务于高学历人群等。为了博得关注或吸引更多的目光,有些用户会在群聊中表达个体差异性,构建自己独特的“个人身份”。关于身份的类型划分表明,个体的身份由许多交互重叠的因素或者亚身份构成,媒介互动的过程能够帮助群成员形成自我,获取相应的个人身份。

戈夫曼认为个人身份(personal identity)指的是“明确记号或身份挂钩,以及生平细节的独一无二的组合。这种组合与此人联系起来,并借助这些挂钩确认他的身份[6]78”。个人身份主要表现为一些能与其他人区别开来的经历或特质,主要通过那些传达个人的持久特征的行为构建起来,既是个体发自内心的、能被事实证明的信息,也是个人独有的日常生活体验。例如,有女性用户在群中发布了自己去土耳其旅游的相片,也分享了此前自己在其他国家的经历,借此建构自身的形象为“爱旅游的金融女”。一些热爱健身或照相技术佳的工科男也曾在群里分享自己的日常相片,由此形成一个区别于其他工科男的个人身份。

当个人身份启动的时候,个体把自身看作独特的不同于其他任何人的独立体,通过凸显社会身份中的个性化来彰显个人身份及其特征。所以,大多数呈现在婚恋微信群中的个人身份需要在日常的持续沟通中进一步确认。群聊的信息刷屏很快,通过重复性、多样化的方式才能使个人身份被大多数用户认知,所以日常互动是必要的手段。例如,有的用户会直接在群聊中分享自己的工作状态或外出考察的情形,也有用户分享单位组织团建活动的过程,这不仅能使其他用户对其日常状态、工作经历有所了解,也能由此进一步判断这些个人体验中的信息是否与其社会身份相符合。此外,一个有趣的发现是,某些刻意塑造的“个人身份”成为发起邀约的一种有效方式。借助“吃货”“活动策划”等个人身份邀请其他人参与活动具有一定的正当性,不会显得唐突或冒昧。群内关于美食、购物、旅游等组队类信息并不少,一些用户也乐于组织或参与群体性活动。

3. 择偶协商中的“自我身份”建构

戈夫曼认为,“自我”概念无疑是形象互动理论的中心概念,但绝非是个凝固的心理学概念,而是社会互动性质和过程的产物[2]3。自我身份(self-identity)指的是一个人在其社会经验的基础上所形成的“对他自身处境、自身连续性及自身特征的主观感受”。自我身份需要人们不断地接收周围对他的反馈,进而更新其对自身的认知。人们的线上互动较少受到时空约束，互联网的存在消除了物质世界里存在的多重障碍，从而进一步强化了对话参与者的情感体验和自我认知。在婚恋微信群的“媒介互动”中，正是多种多样的会话促进了用户之间的关系发展和“自我身份”的建构。

一是“随意性会话”（casual conversation）过程中日常价值观的沟通。婚恋微信群促进了新社会网络的建立以及新社区仪式的形成，从而造成一种特殊的自我意识和观念认知。群内的信息分享如新闻网页、抖音视频和网络热词等，大多聚焦于社会生活中的日常交往。此外，还有很多零散的话题，大多以幽默、调侃的方式进行互动，如讲笑话、分享有趣的故事或使用夸张性语言等。房价、股票、教育等实时动态类信息也会出现，有用户分享二手房价的信息与链接时，其他用户会就所在区域的情况发表有关房价的言论，评价新闻是否真实可信。这些内容是大多数人会经历和遇到的，能产生较多可供讨论的内容，进而通过互动的过程了解其他用户的价值观。随意的闲聊看起来似乎琐碎而没有意义，却是构成社会现实、协商社会身份和人际关系的有效方式。

二是“实用性会话”（pragmatic conversation）过程中婚恋价值观的探讨。婚恋微信群的即时互动和超域性使其具备了现实交友圈难以企及的社会资本动员能力。具体来看，婚恋微信群中的社会支持主要为情感支持和信息支持。情感支持指的是在备受压力的时候，个人向他人寻求慰藉、获得安全感的能力，它会使人感受到他人的关心。信息支持主要指向他人提供有助于解决问题的建议或指导[7]。在婚恋微信群中，这些社会支持的主体来自群内拥有不同经历的异质性个体，包括群聊用户和管理员等。如Q2群有女生在群里询问，男生每天发早安或晚安是否能说明他对女生有好感，群内多名成员在协商中认可了这样一个观点：如果是真的喜欢，他会主动发。Q4群有两位情感咨询老师，限时在线为群内用户解答情感疑虑，在指定时间段回复用户关于自我提升、两性关系、脱单交友的问题。社会现实通过会话的方式建构起来，用户在微信群中与其他用户互动，同时通过表达或听取他人对择偶过程的看法，进而协商着自身在婚恋场域中的主体定位与择偶认知。

群聊会话中积累的社会经验以及他人的印象和评价等，都影响着用户对自我身份的理想化认知。在互动频繁的婚恋微信群中，一些用户已经养成了查看手机以获取信息、时常观察在线互动的习惯，有的用户甚至形成了积极参与微信群互动的习惯。可以说，微信群永久在线的状态建立了新的社会现实层，婚恋微信群中持续互动的用户通过信息识别、环境监视等确认其他人的思想、感情和行为，并不断调整自身的认知结构和情感状态，建构着择偶协商过程中的自我身份。

四、深后台的脱嵌：婚恋微信群用户的操演性身份得以建构的原因

用户的身份建构具有一定的表演性，其交友目的存在于不可见的“深后台”之中。媒介对新的中间地带的持续暴露创造了一个相当隐蔽的社会空间，“深后台”的存在可以让人们确信自己的行为不会被最亲密的朋友以外的任何人知道[3]65。

笔者结合汤普森和梅罗维兹的论述，对“媒介在线互动”的社会组织结构图进行了更新

（见图2），主要的互动框架建立在各种婚恋媒介的可供性上，用户们可以在其中进行交流和互动，这种互动是对话式的。在婚恋交友的过程中，用户的“前前台”区域和部分的“混合中区”会相互作用，并不断在空间和时间上延展。用户既需要交代基本的个人资料，又要将部分半公开的内容透露出去以显示个人的真实情感与交友诉求。此外，每个用户都有自己的“深后台”区域，交互时需要自主地管理不同互动区域之间的边界。

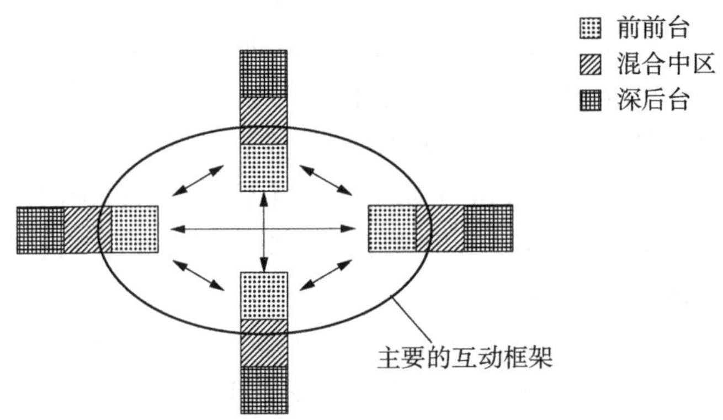

图2　社交媒体时代中“媒介在线互动”的过程

1. “虚拟空间”的助推：在线互动中单个媒介的可见性有限

“公共”意味着向大众公开，意味着可见的（visible）或可以观察到的，是在“前台”上演的；而“私人的”则是隐蔽的，是在私下或有限的人际环境中发生的言谈或行为。媒体提高了“可见性”（visibility），很多私人事件都可能扩展为公共事件[8]。虚拟社交空间的可见性是有限的，基于弱关系建立的婚恋微信群也是如此。从群中的互动来看，以“桥接型”（bridging）社会资本的交换为主，不同行业、不同背景的异质性个体在线上相遇，用户的真实个性和生活样态很难全部知晓。一些用户甚至还可以对他们曾经“受损”的身份进行管理。在婚恋交往的社会情境中，污名的情况有很多，存在于外表（丑陋、没眼缘等），身体状况（肝炎患者、家族遗传病等），性格（太作、直男癌）等。虚拟空间提供的便利性，制造了相识的机会，也使得身份建构具有一定的表演性和欺骗性，由此带来了更多难以把控的风险。

虚拟空间具有匿名性的特点，虽然婚恋微信群的用户会遵守群规，提供相应的个人信息，但仍然无法保证所有信息的真实性。在与异性保持联系的过程，个体的不安全感确实会因为媒介的便利性而不断加强。有的用户在微信婚恋群中隐瞒自己真实的情感状况，进而使自己不失去和其他用户交流的机会。暧昧和聊骚正是一种缺乏解释性的关系状态，其目的是为了获得更多的潜在交往对象。在线互动中，单个媒介的可见性是有限的，但多个媒介之间的聚合却能改变可见性的局限。一些婚恋微信群实现监控的有效方式是：通过不同的婚恋平台、不同的群聊与私聊等多重媒介互动的方式去印证身份信息，鼓励用户举报不当言论或不良行为。

2. “个体欲望”的支配：婚恋选择过程中的主体性被放大

消费社会中的个体正在日益从家庭、社区之中解放出来，日益成为“自己对自己负责”

的个体[9]。“个体化”要求行动者承担执行这项任务的责任,并对其行为的后果负责,即“个体化”在于确立合法的自主性(尽管这种自主性在实际中并不一定能获得)[10]。在多元媒介的作用下,作为个体的用户获得了更多的自主性和个人空间。参与婚恋微信群互动的媒介实践为用户提供了一种可供选择的途径,从而满足个体在原子化社会中的婚恋社交需求。从某种程度上来说,婚恋微信群放大了“个体欲望”,群内的部分用户渴望通过操演性身份建立更多的联系,寻求更大的择偶可能性。

婚恋微信群中的大多数用户更倾向于与自己所属社会阶层或具有类似社会特征的人进行互动。“中产”“新富”、追求“小资”生活情调的用户成为部分婚恋微信群的主流,他们通过日常分享建构了其所在阶层大体一致的消费方式、态度和意识,强化了群聊中同一阶层用户的媒介互动与身份塑造。戈夫曼将阶层流动纳入研究视角,指出大多数社会都存在社会分层系统,人们对向上流动怀有抱负,并需要为此呈现出恰如其分的表演,“无论是为向上流动所做的努力,还是为了避免向下流动所做的努力,实际上都是人们为维持前台而做出的牺牲”[2]30。群内互动有着明显的向上一阶层或同阶层交往的倾向,用户渴望通过婚恋社交结识优质的人,通过身份的建构寻求优质对象或实现阶层跨越的可能性。

3. 社会文化的综合影响:“融汇之爱”与流动的亲密关系

部分用户在婚恋微信群中操演身份,是为了获得情感取予上的平等性,试图通过看似真实的“混合中区”来发展亲密关系。吉登斯提出“融汇之爱”(confluent love),认为“亲密领域较多地依赖于谈判和公开交流,而不是依赖传统的期望、角色和准则”[11]65。“融汇之爱”具有较多的现代性意蕴,处于一种不断变化、建构与重构的状态之中。某种程度上来看,婚恋微信群的媒介互动是用户追求“融汇之爱”的表现,群内用户通过自主、平等的交流寻求更适合的婚配对象,犹豫与观望、快速结合或分开等状况时有发生。“融汇之爱”是积极主动但又偶然飘忽的爱,这正是今天“分崩离析”现代社会的表现,也是造成“融汇之爱”的原因[12]。

媒介在线互动的发展使得用户可以实现不同时空的远程交流,助推亲密关系走向更加开放、灵活和多样化的现实状况。非结构化、不确定性和流动性成为当前现代性的背景状况,“固态的现代性是一个互相承诺的时代,液态的现代性则是一个解除承诺、捉摸不定的时代”[13]。当前,婚恋微信群的交流与互动强化流动性的现实,建立了一种易于“携带”和“重组”的亲密关系,这在都市场域中的单身群体中尤为突出。与此同时,用户塑造的身份也具有流动性,积极主动的用户往往拥有多个婚恋微信群或多个社交账号,在线的生人社交从熟人互动中日益剥离。用户在各种社交平台上建立不同的身份,这也使他们习惯于与陌生人建立适合当前情况且易于转移的亲密关系。流动亲密关系的出现从根本上改变了亲密建立过程中的组织化机制,婚恋微信群促使流动亲密关系的快速形成和终结。这种短暂多变的亲密关系,容易使部分用户放松对自身的道德约束,出现负面效应的行为。事实上,该现象的形成除了是因为媒介技术让亲密关系变得更易缔结之外,还在于部分用户在网络社会中缺乏正确的价值判断。

五、讨论与展望

媒介已成为人们生活不可缺少的一部分,不断构建着当代人类传播的基本形式,重新描绘了人与人之间的关系发展。婚恋微信群中"多对多"的媒介在线互动,为"一对多"的准媒介互动和"一对一"的媒介互动、面对面互动提供着可能性。在媒介互动的过程中,婚恋微信群用户往往具备多重的身份,这不仅表现在身份系统可分为社会身份、个人身份和自我身份三个层面,而且表现在各个层面上还包含不同类别的身份特征,并能通过身份的构建达到特定的交友目的。婚恋过程需要双方建立一种长期、稳定和相互信任的关系,信任成本提升的同时,风险控制也愈发受到个体重视。个体化交往的过程看似给单身男女带来自由空间,但这个空间中弥漫着一定的风险。当个人信息不断在媒介场域中增加且流动时,人们面临的选择更多,社交关系更为松散,婚恋关系也更难以实现。此外,还会有无法估算的人际风险出现,特别是那些隐匿于深后台的隐婚、欺骗等行为。法国哲学家阿兰·巴迪欧(Alain Badiou)认为人们访问交友网站是为了寻找匹配度高的无风险的爱情,但无风险的爱情犹如无人死亡的战争一样,是不存在的[14]。面对婚恋关系,有的人寻找终身伴侣,而有的人只是寻找一种游戏关系。当我们进入媒介化社会的时候,更应该谨慎对待通过媒介寻找对象的这件事。

婚恋交往关系甚至是未来可能建立的亲密关系,需要积极的个体行动和情感上的诚实,婚恋微信群无疑是一种有益的尝试,有效的群聊机制和监控方式能促进婚恋社交的良性互动。从生活政治的意义上讲,亲密关系的建立仰仗于个人生活的民主化,仰仗于民主形式的情感沟通过程,仰仗于自主而平等的双方之间的协商、讨论、交谈和沟通[11]95-104。婚恋微信群为平等关系的建立拓展空间,这种平等关系以群内沟通、择偶协商的方式逐步建立,用户之间的对话成为未来亲密关系建立的通道。基于情感交流和自我理解,婚恋微信群能强化用户在媒介在线互动中的主动性和积极性,进而使一种平等的、重视参与和沟通的互动关系成为可能。

在不同性质或功能的微信群中,用户间的互动状况和身份建构存在差异。本研究的结论适用于以单身用户交流为主的婚恋微信群,未将非婚恋性质的微信群、以父母相亲为主的微信群等纳入考察。不同微信群中媒介互动的差异化表现,对本文归纳的群聊身份建构及其动因进行问卷调查量化实证,对不同"情境—行为—角色"中引发他人差异性态度和评价的实验研究等,是未来研究的前进方向。

参考文献

[1] 蒋建国.微信群:议题、身份与控制[J].探索与争鸣,2015(11):108-112.
[2] 戈夫曼.日常生活中的自我呈现[M].黄爱华,冯钢,译.杭州:浙江人民出版社,1989:123.
[3] 夏瓦.文化与社会的媒介化[M].刘君,李鑫,漆俊邑,译.上海:复旦大学出版社,2018:65-67.
[4] Thompson J B. Mediated interaction in the digital age [J]. Theory, Culture & Society, 2020,37

(1):3-28.

[5] 刘瑛,杨伯溆.互联网与虚拟社区[J].社会学研究,2003(5):1-7.

[6] 戈夫曼.污名:受损身份管理札记[M].宋立宏,译.北京:商务印书馆,2009:2.

[7] Cutrona C E, Russell D W. Type of social support and specific stress: Toward a theory of optimal matching [M]//Sarason B R, Sarason I G, Pearce G R. Social Support: An Interactional View. New York: Wiley, 1990:322.

[8] 薛强,陈李君.传媒与现代性——浅论约翰·B·汤普森的传播思想[J].广西大学学报(哲学社会科学版),2011,33(06):133-136.

[9] 克,贝克-格恩斯海姆.个体化[M].李荣山,范譞,张惠强,译.北京:北京大学出版社,2011:26-34.

[10] 鲍曼.个体地结合起来[M]//贝克,贝克-格恩斯海姆.个体化.北京:北京大学出版社,2011:21-28.

[11] 吉登斯,皮尔森.现代性:吉登斯访谈录[M].尹宏毅,译.北京:新华出版社,2001:22.

[12] 郭景萍.情感社会学:理论·历史·现实[M]上海:上海三联书店,2008:302.

[13] 鲍曼.流动的现代性[M].欧阳景根,译.上海:上海三联书店,2002:13.

[14] 巴迪欧.爱的多重奏[M].上海:华东师范大学出版社,2012:67-89.

突发公共事件的媒介化治理创新与风险规制

金慧芳[①]　别君华[②]

【摘　要】 新冠肺炎疫情发生以来，以健康码为主的媒介化治理创新为迅速控制疫情、推动复工复产提供了重要保障。然而，特殊时期的技术创新存在诸多潜在风险，在技术层面引发了数据安全问题，主体层面形成政企合作关系的平衡问题，社会层面考虑技术追踪问题。在常态化治理中，规制这些风险需要通过完善相关法律条例、提升算法规则透明度、加强互联网平台治理、发展可沟通的技术对话等，确保技术向善。

【关键词】 健康码；媒介化治理；伦理困境；风险规制

2020年一场席卷全球的公共事件，使做好新型冠状病毒卫生防疫工作成为各国工作重点。在面对突发公共事件时，各国采取的应急措施不一。巴西城市库里蒂巴通过在线视频电话帮助新冠肺炎疑似患者进行远程医疗预约；新加坡采用"Trace Together"应用程序追踪确诊患者的密切接触者并开发了全国性数字登记系统"Safe Entry"，还将Robodog机器人放置在公园，呼吁公众保持社交距离[1]；韩国疾病预防控制中心(KCDC)通过医疗设施记录、全球定位系统、银行卡交易和CCTV闭路电视等四种手段对病毒接触者进行调查管理[2]。我国则采用了健康码这一电子健康凭证系统。可见，通过媒介化治理推动治理创新，已成为推进突发公共事件应急处理的主要手段之一。

一、突发公共事件的媒介化治理创新

媒介化治理的起点，是在社会与媒介技术发展的双重逻辑的交互结构中建立起来的。新媒介从被简单地视作可以上网的"工具"，到能够在其中建立社群促使各利益群体有机互动的"场域"，再到当前被视作撬动社会结构变革的内在逻辑——即"媒介化"(mediatization)，人们对新媒介的理解有了进一步发展。学者施蒂格·夏瓦(Stig Hjarvard)在布尔迪厄场域理论与吉登斯结构化概念的基础上提出媒介的制度化传统。夏

---

① 杭州师范大学文化创意与传媒学院讲师，博士。

② 杭州师范大学外国语学院硕士研究生。

瓦认为,“媒介在各场域不断增长的他律中扮演着至关重要的角色,并借此挑战了场域的自律。因此,媒介化的程度可以根据各自场域的自律在多大程度上被削减得以衡量[3]”。此外,尼克·库尔德利(Nick Couldry)从微观社会互动层面出发,通过对媒介化与个体社会交往关系的论述,尤其是如何将个人私人实践与公共活动借由媒介化对个体交往情境的拓展进行勾连,提出媒介化的社会建构论。也就是说,媒介化“强调的是主体与传播工具的过程性互动,即媒介提供了新的传播手段,而这又为改变人类生活方式提供了新的可能性,它的基本逻辑是社会建构的传统,即人类可以使用媒介来改变社会的建构方式[4]”。

如上所述,媒介作为技术手段、行事逻辑和社会关联的形态,已经渗入社会生活的各个方面。媒介化指的就是涵盖这些维度的媒介逻辑介入社会建构的过程[5],是大众媒体和其他媒介技术日益增长的文化内涵和社会意义[6]。从“媒介”到“媒介化”意味着媒介与其他社会领域之间关系的结构性转型,强调的是媒介与其他社会范畴相互建构的过程[4]。同样,社会治理与新媒介的关系也大致经历了这样的历程,在今天进入“媒介化治理”阶段。

现有的媒介化治理研究涵盖了媒介化政治、县级融媒体治理、城市治理等方向。媒介技术已然成为政治领域不可或缺的参与者,媒介化的最早应用领域便是研究媒体对政治传播的影响[7],媒介化政治关注媒体在政治领域的影响力[8],学者吉安皮耶特罗·马佐莱尼(Gianpietro Mazzoleni)和温弗里德·舒尔茨(Winfried Schulz)提出媒介化的政治是失去自主性的政治,其核心功能依赖大众媒体,并通过与大众媒体的互动不断形成。政治机构越来越依赖大众媒体并受其影响,但仍然把控政治进程和发挥政治职能[9]。杰斯珀·斯特伦贝克(Jesper Strömbäck)认为随着政治日益媒介化,研究重点不再是媒体是否独立于政治和社会,而是政治和社会是否独立于媒体[10]。如媒介逻辑介入地方治理的电视问政,闫文捷等探究了在我国政治文化环境下电视问政如何与政治逻辑交织,触发了何种治理可能及陷入了何种治理局限[11]。县级融媒体治理是实现全面媒介社会化的基层之治,在县级融媒体治理研究上,熊茵和刘丹提出可以通过媒介产品输出、信息数据资源的开发利用、话语公共空间的建构等媒介手段实现社会治理[12];而朱亚希和肖尧中则关注县级融媒体的媒介化治理困境,如认知失准、协同失效和效能失范三大难题,提出以“治理媒介化”推进媒体融合的功能转向和以机制体制变革释放功能融合的创新力两大解决路径[13]。在城市治理上,张菁聚焦城市中的社区治理,居民借助媒介技术参与到社区治理中,形成居民、媒介以及行政力量之间的全新互动关系,促进了城市社区治理模式的创新[14]。李麟学在研究城市公共空间时提出城市公共空间以多样化媒介为载体,构建了城市更新与空间治理的沟通机制[15]。

诞生于疫情期间的健康码是一款搭载在智能手机客户端(如微信或支付宝)上的小程序,个人实名认证后通过自主申报健康状况上传到后台,平台通过大数据获取的信息校验个人自主填报的数据,生成红色或黄色或绿色的二维码[16]。其最早出现于浙江省杭州市余杭区,2020 年 2 月 11 日,杭州依托“城市大脑”由数据资源局牵头,通过招标方式开展新媒介治理产品的研发。其中,余杭区小型科技企业“码全科技”率先研发出“健康码”的最初方案,初步方案通过后由大型企业阿里巴巴参与产品的后续研发、完善,充分发挥了技术赋能社会治理作用。2月25日,支付宝宣布,健康码在上线2周中迅速复制推广至全国18个省200多个城市。据腾讯数据,腾讯的防疫健康码上线25天中,累计亮码超过10亿次,覆盖超过8亿人口,累计访问量43亿次[17]。

健康码是政府、城市、企业、公众合力抗疫使用的媒介化治理产品,是一款体现了人体健康与数字身份共生的可沟通媒介。其媒介化逻辑包含了技术法则本身,还涵盖了特殊时期的社会身份逻辑、社会管制逻辑和企业数据控制逻辑。①于政府而言,健康码是实现国家治理体系和治理能力现代化的举措之一,形成政府主导、民众参与的媒介化治理逻辑。②于城市而言,新型的媒介技术是构成新型城市的基础,学者丹尼尔·G.科斯塔(Daniel G. Costa)等也讨论了智能技术在发现感染、疫情监测以及疫情暴发后处理海量数据的能力,认为信息技术在智慧城市避免或减少流行病传播中起到了至关重要的作用[18]。③于企业而言,与政府合作参与到健康码的开发、推广、应用中,不仅提升了企业参与社会治理的积极性,还充分发挥了企业的平台优势和技术优势等。④于公众而言,健康码作为限制流动性的网格化治理创新产品时,具有电子通行证的功能。而作为推动流动性的网络化治理创新产品时,是社会主体行踪大数据的一个产品[19],完成了时间、空间、人际关系、感染状况四个维度的整合,实现了技术、主体、社会三方的沟通互动,但新媒介技术的风险性也亟待关注。

二、健康码引发的治理风险

媒介化治理技术并非是中性的,健康码作为特定社会历史时期依据特殊目标要求研发的创新技术,是各主体权力编织的产物,具有价值偏向,并且,智能技术又具备一定的自主性。对以健康码为代表的智能技术而言,因技术创新的速度过快,其自主性的一个重要特征是其发展具有自我支配的逻辑和规则,“既有的社会规范无力约束新兴的技术行为”[20],从而产生一系列治理风险,形成技术治理挑战。

1. 数据算法的治理安全

健康码作为特殊时期的治理产物几乎未经历准备和试错过程,其自主性引发了关涉数据安全的几个重要问题:第一,在疫情防控治理中,公众对用于疫情防控的摄像头、传感器的位置分布、数据收集范围与数据收集类型并不了解,数据采集的边界在哪里?第二,数据使用原则和标准并不透明,公众并不知晓数据收集后具体用于哪个治理领域,也不清楚这一治理领域的治理判定标准。第三,除健康码关涉的隐私问题,包括身份隐私(姓名、身份证号、性别、年龄)、通信信息(联系电话)、位置隐私(工作地、居住地、历史行动轨迹)与社交隐私(密切接触者)外,智能技术是否会收集公众的其他隐私信息(如生物数据)?第四,健康码和其他智能技术是否存在算法偏见?包括程序设计偏差导致的算法偏见、测试数据偏差导致的算法偏见和机器自我学习导致的算法偏见[21]。公众可能会由于算法偏见问题,在进行风险评估时,某些风险要素(如中高风险地区居民、普通感冒患者)被无端放大,出现

“被红”或“被绿”的情况。

2. 政企合作中的平台垄断

在疫情治理中，互联网企业依托数据优势、平台优势、人才优势迅速创新，协助政府机关搭建了健康码系统。从健康码的平台分布情况来看，多数省份将健康码申请入口设立在微信或支付宝平台上，如微信端的“粤康码”“甘肃健康码”，支付宝端的“浙江健康码”“山东健康码”等。也有些许省份在独立开发的政务App上搭载健康码，如福建的“闽政通”App、山东的“爱山东”App等。另外，也有一些省份依托其他互联网企业设立了健康码申请服务，如甘肃的“健康甘肃”App就是甘肃万维信息技术有限责任公司打造的医疗健康服务软件。由此可见，健康码的搭载、运行和技术开发仍多为互联网企业承担。

在国外的抗疫经验中，谷歌和苹果开发了一个跨平台应用编程接口——谷歌苹果暴露通知(GAEN)。到2020年5月底，五大洲的20多个国家申请了该应用编程接口，荷兰卫生、福利和体育部也在GAEN上开发了自己的内部应用程序[22]。谷歌和苹果拥有了20多个国家的数字基础设施控制权，在拥有用户数字信息的同时如何与各国政府做好数据权的博弈。

政府的媒介化治理离不开对互联网平台的依赖，这意味着政府一定程度上将治理权力、数据权力让渡给企业，形成平台垄断的风险。

3. 常态化治理时期的技术追踪

疫情期间，为监督公众的出行以防进入中高风险地区或接触新冠病毒感染者，其出行轨迹往往是被智能技术监控的，从国外采用的热感摄像头、无人机监控到国内采用的健康码技术无不是疫情催生的技术追踪手段。在英国，无人机被用来监控偏远的美容场所，自动车牌识别(ANPR)系统被用来识别长途驾驶的车辆；在比利时，政府使用电信数据来跟踪人口流动，并监控购物街和海滩的人口密度；在西班牙，政府与主要电信商家合作开发了一个系统，通过GPS和移动电话信号监测公民的移动性[23]。公众生活在被技术监控的社会中，其出行轨迹在云端被追踪，信息数据为政府与互联网企业所有。

虽然，运用技术手段对公众的出行与人际接触进行追踪可以帮助提高疫情防控的效率和政府的社会治理能力，但同时也影响了疫情笼罩下本就压抑的人们的情感、想象与行为，在深层意义上形成了人的“技术化意识”。由此，健康码治理既是边沁“圆形监狱”的再升级，又是哲学家韩炳哲的“透明社会”治理术，突发公共事件催生的快速治理手段也需要技术进步。

三、媒介化治理中的风险规制

智能技术延伸至社会与个人生活的最细微之处，对个人数据不加节制的开发无疑对人的数据权利构成侵犯，数据人权无法得到保障，在主体意义上构成人的异化。有效的数据风险规制能够为数据价值开发提供保障。因此，需从规范数据治理、保护数据隐私、加强互联网平台治理、发展可沟通的技术对话等方面进行风险规制。

1. 夯实数据安全保障,规范数据治理条例

夯实数据安全保障,首先应从法律、政策、制度上推进数据安全立法、执法,加强数据市场秩序监管。国外在立法和政策上也采取了一系列数据治理措施,据表1不完全收集,美国1966年便颁布《信息自由法》,2019年1月通过的《开放政府数据法》,通过立法明确数据开放共享义务,对于政府数据开放的范围、日常审查、管理机制、报告评估等都进行了明确规定[24]。2020年3月,欧盟发表《关于COVID-19大流行下数据保护权的联合声明》,在执法方面欧盟法院于7月宣布欧盟与美国达成的用户跨大西洋数据传输的“隐私盾”(Privacy Shield)因存在泄漏风险而无效。2020年3月2日,意大利敦促当地数据保护机构发布声明,澄清为缓解和遏制目的合法使用数据的条件,同时警告非机构行为者(如私人雇主)收集和处理侵犯隐私的数据[25]。

表1 国外数据信息安全相关法律法规

国家/国际组织	法律法规	年份
美国	《信息自由法》	1966
美国	《联邦信息安全管理法》	2002
美国	《网络安全法案》	2010
美国	《国家网络基础设施保护法案》	2010
美国	《网络空间作为国有资产保护法案》	2010
美国	《数字政府战略》	2012
美国	《开放政府数据法》	2019
英国	《信息自由法》	2000
英国	《通信监控权法》	2000
英国	《网络安全战略》	2011
英国	《紧急通信与互联网数据保留法案》	2014
巴西	《个人数据保护法》	2015
韩国	《个人信息保护法》	2011
日本	《日本网络安全战略》	2013
日本	《网络安全基本法》	2014
日本	《个人信息保护法》	2015
新加坡	《垃圾邮件控制法》	2007
新加坡	《个人信息保护法案》	2012
澳大利亚	《隐私权法》	1988

（续表）

国家/国际组织	法律法规	年份
澳大利亚	《反垃圾邮件法》	2006
澳大利亚	《国家信息安全战略》	2009
印度	《信息技术法》	2000
欧盟	《数据保护指令》	1995
欧盟	《保护个人享有的与个人数据处理有关的权利以及个人数据自由流动的指令》	1995
欧盟	《数据保留指令》	2006
欧盟	《通用数据保护条例》	2015
欧盟	《关于 COVID－19 大流行下数据保护权的联合声明》	2020
欧洲经济合作发展组织	《关于保护隐私和个人数据国际流通的指南》	1980
欧洲理事会	《关于自动化处理的个人数据保护公约》	1981
联合国	《计算机处理的个人数据文档规范》	1990

国内也不乏数据信息安全的相关法律法规，如表 2 所示，从 1994 年的《中华人民共和国计算机信息系统安全保护条例》起便开始规范数据信息的处理界限。省级政府机关也会颁布相关条文，如浙江省市场监督管理局 2020 年 2 月发布的《传染病防控人员健康码管理规范》明确了健康码使用个人数据的范围[26]。可见，国内外政府都已关注到互联网领域的数据治理，而在疫情突发后，相关部门也随即发布了《个人健康信息码》系列国家标准，规定了个人健康信息码的参考模型、数据格式和应用接口等，但由于该系列标准仅用了 14 天便完成了从立项到发布的流程，尚未考虑到个人健康信息码的数据管理和算法伦理等问题，所以因突发公共事件而颁发的条文也需要不断修正完善。

表 2　国内数据信息安全相关法律法规

法律法规	年份
《中华人民共和国计算机信息系统安全保护条例》	1994
《计算机信息网络国际联网安全保护管理办法》	1997
《计算机信息系统国际联网保密管理规定》	2000
《互联网信息服务管理办法》	2000
《中华人民共和国电子签名法》	2005
《信息安全等级保护管理办法》	2007
《国家网络空间安全战略》	2016

(续表)

法律法规	年份
《中华人民共和国网络安全法》	2017
《数据安全管理办法》	2019
《互联网个人信息安全保护指南》	2019
《个人健康信息码系列国家标准》	2020
《信息安全技术个人信息安全规范》	2020
《中国人民共和国个人信息保护法(草案)》	2020
《中华人民共和国数据安全法》	2021

2. 提升算法规则透明度,行使用户被遗忘权

健康码系统推出之际,其快速开发、应用、推广使公众尚来不及意识到系统后台获取个人信息后的处理方式并非透明,公众对信息使用边界不得而知,因此需要提升数据规则透明度,破除数据黑箱。马尔切洛·伊恩卡(Marcello Ienca)和艾菲·瓦耶娜(Effy Vayena)认为,只要使用这些数据来源,并且认为是适当的,就应充分告知公众。应避免对数据的存取和使用保密,应该为共同利益就数据处理问题进行透明的公众沟通。例如,数据处理协议应披露哪些数据被传输给第三方,以及传输的目的是什么[25]。

健康码系统中拥有的信息数据,如用户的身份隐私、通信信息、位置数据、感染状况等被存储在算法平台中,为互联网企业和政府机构所有,数据持有者可以挖掘出用户的相关"推测数据"(inferred data)[27],挖掘出更多的用户隐私,民众则失去了个人信息的自决权和知情权。在疫情趋于缓和常态化治理的当下,这些数据应当被永久删除,以此来保护用户的信息隐私,欧盟 2018 年出台的《通用数据保护条例》(*General Data Protection Regulation*,简称 GDPR)中提到的"被遗忘权"(the Right to be Forgotten)为用户隐私保护提供了方向。被遗忘权是指数据用户有权要求数据活动主体在规定的期限内对数据依法进行删除的权益[28],即用户有权要求在一定时限后删除与自己相关的数据。在人类数字化生存的信息时代,数据信息是重要的隐私,遗忘伦理的构建可以保证自身信息的安全、维护自身信息的自决权。

3. 加强互联网平台治理,平衡政企关系

在运用健康码进行媒介化治理的过程中,要谨防互联网企业对数据的商用以及大型互联网企业在治理过程中可能产生的垄断问题。互联网平台不仅仅是突发公共事件中社会治理的重要力量,而且也是数字经济创新的重要主体。因此,需要平衡好政府机构与企业之间的关系,创造健康的媒介化共生环境。

国外的反垄断治理经验中,美国国会在 2020 年 10 月公布了针对谷歌、苹果、脸书、亚马逊等四家公司涉嫌垄断竞争的调查报告《数字市场竞争调查》。欧盟于 2020 年 12 月 15 日公布了专门针对数字巨头的反垄断法案《数字服务法案》和《数字市场法案》[29]。2020 年,为进一步完善反垄断法律制度体系，我国互联网领域开展了一系列反垄断行动。1月，国家市场监管总局就公布《〈反垄断法〉修订草案（公开征求意见稿）》，将互联网业态纳入这一体系中，针对互联网行业滥用市场支配地位的标准进行了说明。但是，就治理领域的平台垄断现象而言，目前仅限于学术讨论和社会争论，并未明确出台相关治理措施和规范。因此，在突发公共事件的媒介化治理中，需要通过风险规制平衡好政府与互联网企业之间的关系，形成有利于社会发展的政企合作治理模式。

4. 发展可沟通的技术对话，提升治理文化认同性

媒介化治理是双向互动的治理逻辑。因健康码与身份标识相关联且具有唯一性，衍生出了更多的应用，如与身份证、乘车码绑定使用，与电子健康卡、社保卡互联，出入小区“人码合一”刷脸验证，叠加复学规则形成“入学码”等[26]53，发挥常态化治理时期健康码与社会治理沟通互动的技术优势，为持续使用媒介产品保障常态化治理时期人员流动监测和健康监测提供了新的治理路径。

随着新冠疫苗的成功研发并向全民推广接种，山东、安徽、上海、甘肃、河南等多地推出了金色健康码，在绿色健康码的外围加上金色边框代表已接种新冠疫苗，体现了以健康码为特色的数字抗疫在常态化治理时期技术发展的可沟通性。

从健康码上升至与社会身份互联的身份码，从绿色健康码解锁为金色健康码，可沟通的技术对话不仅提升了社会治理现代化水平，助力共同抗疫和疫苗接种，且在交流中，多元主体之间的共同体意识得以凝聚，情感得到汇集，对共同抗疫的认同感得到提升，加深了疫情防控治理的文化认同感。

四、结语

随着智能媒介的发展，国家治理体系现代化越来越离不开媒介化治理。但是，在特定时空条件下，在一定社会结构中，由多元主体在特殊的价值目标的前提下进行社会治理的方式，其中必然包含着权力关系。如果缺乏相应制度保障，就极为容易形成治理霸权。因此，应从多元主体出发，对媒介化治理进行评估防范。在国家层面出台政策文件，夯实数据安全保障，地方政府部门将数据保护推向纵深；大型互联网企业依托自身平台向社会开放数据，提升算法透明度；政府与企业之间深化数据共享与合作，形成良性的助力社会发展的政企合作治理模式；确保用户在媒介化治理中的用户权益，倾听用户的声音，发展可沟通的媒介技术，确保技术向善。

参考文献

[1] COVID－19 National Emergency Response Center, Epidemiology Case Management Team, Korea Centers for Disease Control Prevention. Contact Transmission of COVID－19 in South Korea: Novel Investigation Techniques for Tracing Contacts [J]. Osong Public Health and Research Perspectives, 2020,11(1):60－63.

[2] Wang T, Jia F. The impact of health QR code system on older people in China during the COVID-19 outbreak [J]. Age and Ageing, 2020,50(1):55-56.
[3] 夏瓦. 文化与社会的媒介化[M]. 刘君,李鑫,漆俊邑,译. 上海:复旦大学出版社,2018:41.
[4] 胡翼青,杨馨. 媒介化社会理论的缘起:传播学视野中的“第二个芝加哥学派”[J]. 新闻大学,2017(06):96-103+154.
[5] Nick C, Andreas H. Conceptualizing Mediatization: Contexts, Traditions, Arguments. Communication Theory, 2013,23(3):191-202.
[6] Väliverronen E. From Mediation to Mediatization: The New Politics of Communicating Science and Biotechnology [M]//in Kivikuru U, Savolainen T. The Politics of Public Issues. Helsinki: Department of Communication, University of Helsinki, 2001:157-177.
[7] Hepp A. Mediatization and the "molding force" of the media [J]. Communications, 2012,37(1):1-28.
[8] Strömbäck J. Mediatization and perceptions of the media's political influence [J]. Journalism Studies, 2011,12(4):423-439.
[9] Mazzoleni G, Schulz W. "Mediatization" of Politics: A Challenge for Democracy? [J]. Political Communication, 1999,16(3):247-261.
[10] Strömbäck J. Four Phases of Mediatization: An Analysis of the Mediatization of Politics [J]. The International Journal of Press/Politics, 2008,13(3):228-246.
[11] 闫文捷,潘忠党,吴红雨. 媒介化治理——电视问政个案的比较分析[J]. 新闻与传播研究,2020,27(11):37-56+126-127.
[12] 熊茵,刘丹. 县级融媒体中心社会治理功能及“媒介化”实现路径[J]. 中国出版,2020(18):26-29.
[13] 朱亚希,肖尧中. 功能维度的拓展式融合——“治理媒介化”视野下县级融媒体中心建设研究[J]. 西南民族大学学报(人文社科版),2020,41(09):151-156.
[14] 张菁. 参与传播视野下的城市社区媒介化治理模式创新[J]. 视听,2020(10):201-202.
[15] 李麟学. 城市公共空间精细化治理模式探讨[J]. 人民论坛,2021(13):71-73.
[16] 史晨,马亮. 协同治理、技术创新与智慧防疫——基于“健康码”的案例研究[J]. 党政研究,2020(04):107-116.
[17] 上官文 Q. 腾讯防疫健康码上线 25 天累计亮码已经突破 10 亿次[EB/OL]. (2020-03-05)[2022-01-07]. http://www. techweb. com. cn/it/2020-03-05/2780109. shtml.
[18] Costa D G, Peixoto J P J. COVID-19 pandemic: a review of smart cities initiatives to face new outbreaks [J]. IET Smart Cities, 2020,2(2):64-73.
[19] 胡凌. 健康码、数字身份与认证基础设施的兴起[J]. 中国法律评论,2021(02):102-110.
[20] 邱泽奇. 技术化社会治理的异步困境[J]. 社会发展研究,2018,5(04):2-26+242.
[21] 陈禹衡,陈洪兵. 反思与完善:算法行政背景下健康码的适用风险探析[J]. 电子政务,2020(08):93-101.
[22] Hoffman A S, Jacobs B, van Gastel B, et al. Towards a seamful ethics of Covid-19 contact tracing apps? [J]. Ethics Information Technology, 2021,23 (Suppl 1):105-115.
[23] Meijer A, Webster C W R. The COVID-19-crisis and the Information Polity: An Overview of Responses and Discussions in Twenty-one Countries from Six Continents [J]. Information Polity, 2020,1(1):243-274.
[24] 中国通信研究院. 2020 年数据治理研究报告[R]. 北京:中国信息通信研究院,2020.

[25] Ienca M, Vayena E. On the responsible use of digital data to tackle the COVID-19 pandemic [J]. Nature Medicine, 2020,26(4):463-464.
[26] 单勇.健康码应用的正当性及其完善[J].中国行政管理,2021(05):53-60.
[27] 吴飞,傅正科.大数据与"被遗忘权"[J].浙江大学学报(人文社会科学版),2015,45(02):68-78.
[28] 杨庆峰.健康码、人类深度数据化及遗忘伦理的建构[J].探索与争鸣,2020(09):123-129+160-161.
[29] 张志安,李辉.互联网平台反垄断的全球比较及其中国治理路径[J].新闻与写作,2021(02):82-88.

危机传播中数字平台网络结构特征对比研究①

杨添艺② 朱 格③ 吴 舫④

【摘 要】 面对危机，公众需要有效沟通与互动，把握数字平台的危机信息传播特征，能够有效地应对突发危机。本文使用社会网络分析方法，选取具有代表性的危机事件，从网络密度、中心度、核心—边缘三方面分析两种数字平台——社交媒体平台和社会化问答平台的网络结构特征，探索不同平台行动者的行为表现。研究发现，社交媒体平台新浪微博与社会化问答平台知乎的信息传播网络均较稀疏，新浪微博用户比知乎用户联系更紧密；新浪微博核心边缘区分度更高，权力集中于媒体机构企业微博用户，而知乎平台用户权力分配较均匀，草根意见领袖更为普遍。

【关键词】 危机传播；数字平台；社会网络分析

中国是受自然灾害影响最严重的国家之一[1]。灾害频发将带来巨大损害，导致人员伤亡、财产和自然环境的损失[2]。腾讯网报告[3]显示，2021 年 7 月份发生的 H 省特大暴雨，被认为是一场历史罕见的洪涝灾害。此类突发危机事件带来高度不确定性，公众需要充分获取信息并及时沟通[4]。数字平台如脸谱网（Facebook）等社交媒体平台，易于交流信息，正越来越多地被用来应对突发危机[5]。此外，在知乎等社会化问答平台上，公众互相讨论、搜索信息并获取情感支持[6]。尽管公众分散各地，但通过数字平台能够快速共享信息并协调志愿工作，共同应对危机。可见，数字平台在危机信息传播和应对方面发挥重要作用。

然而，数字平台的危机信息传播也面临着挑战。首先，研究表明，数字平台上的信息真实性难以确定[7]。发生灾害时，错误信息在数字平台上传播会引发恐慌和信任危机[8]。其次，研究指出，意见领袖对网络舆情的“群体极化”起着不可忽视的作用。公众情绪容易被煽动，引发舆情危机[9]。探究危机事件的社会网络传播特征和公众的信息参与行为，能够及时安抚公众情绪，避免社会恐慌。而过去的研究集中于分析社交媒体平台的网络传播特征[5]，缺少对不同数字平台网络结构特征的比较。社交媒体平台支持用户实时更新和传递

① 本文为 2018 年上海市哲学社会科学规划青年课题“公众信息参与对危机传播效果的影响机理研究——基于数字平台逻辑的考察”（2018EXW003）的阶段性成果。

②③ 上海交通大学媒体与传播学院硕士研究生。

④ 上海交通大学媒体与传播学院副教授、硕士生导师。

信息[10]，相对而言更具有情绪化的特征，而社会化问答平台更具备专业理性的氛围[11]。因此，分析比较危机期间不同数字平台的网络结构特征和用户信息参与行为至关重要。本研究拟探讨以下问题：危机期间社交媒体平台与社会化问答平台的信息传播各自具有怎样的网络结构特征？有何不同？不同平台的行动者有怎样的行为特征？

本研究一方面从实证角度比较了不同数字平台危机信息传播的网络结构特征，探讨媒体与公众参与的关系网络，为建立数字平台的危机信息传播模型提供有价值的参考。另一方面，研究危机事件的网络舆情态势及各主体的角色和行为，有助于管理人员提供及时准确的信息，减少公众不确定性，增强危机应对管理能力。

一、文献综述

1. 数字平台的危机信息传播

危机包括自然灾害、工业事故和意外事件等[12]，信息传播是应对危机的重要环节[13]。过往研究表明，灾害信息传播在保护生命和财产安全以及协调行动方面发挥着重要作用[10]。面对危机，数字平台能够使政府机构和公众团结在一起，在紧急情况下实现沟通[14]。

社交媒体平台是重要的数字平台，在危机期间社交媒体能够实现个体间及时互动与响应[15]。社会中介危机沟通（SMCC）模型表明[16]，社交媒体上有影响力的用户生产危机信息，平台上的追随者消费这些信息，而不活跃的成员通过追随者间接接触这些信息。过往研究指出，社交媒体上的个体表达具有自发和自然的特点，不仅呈现形式丰富，还能提供心理层面的支持[17]。前人研究多集中于探究社交媒体对公众危机感知和情感支持的影响[18]，或者考察社交媒体对组织机构与公众危机沟通的影响[19-20]，少数研究考察在危机信息传播中社交媒体平台的网络结构特征。

社会化问答平台也是不可忽视的数字平台。一些争议性问题在社交平台上往往观点分散、高度冗余[21]，但社会化问答平台如知乎则更具专业性。用户们针对感兴趣的话题提问，邀请具备该领域专业知识的用户解答并讨论，这种模式下的答案原创性更高、专业性更强[22]。过去针对社会化问答平台的研究主要集中在平台的用户行为和内在动机方面，如金家华等[23]基于社会交换理论探究用户在社会化问答平台知识共享的动机，强调自我认知的作用。也有学者注意到意见领袖在社会化问答社区的引导作用，探究其形成机制[24]。在危机传播领域，诸多学者从社会化问答平台的内容主题和其中包含的情感方面进行研究，如在突发公共卫生事件中，安璐等[25]探究了不同时期相关利益人的情感变化，并分析了情感传播路径。贾本·乔治（Jaiben George）等[26]分析了问答网站 Quora 关于新冠肺炎疫情的问答内容、类型和质量，并将其与世界卫生组织网站上的信息进行了比较。探究节点间关系和行为有助于提出针对性的建议，但有关危机期间社会化问答平台的网络结构研究很少。

2. 社会网络分析在危机传播研究中的应用

社会网络分析（Social Network Analysis，SNA）是对关系结构及其属性加以分析的方法[27]。它视觉化地研究行动者之间的联系,侧重关系结构。在传播学领域,数字平台用户参与互动形成关系网络。整体社会网络由边和顶点组成,节点表示参与者,边表示他们通过网络参与比如转发和评论等行为建立的联系,网络规模与密度、中心性和关联度等指标能够构建整体图景[27]。社会网络分析从结构视角探究了网络群体间互动及关系结构。

在危机传播领域,社会网络分析主要应用于网络结构特征探究、关键节点识别、舆情监测等方面。在网络结构特征方面,阿里夫·莫海明·萨德里(Arif Mohaimin Sadri)等[5]分析了Twitter平台上关于飓风桑迪的推文,根据中心性等指标,探究推特(Twitter)平台的信息传播结构。成俊会等[28]以"于欢案"为例,通过社会网络分析调查阶段性网络结构特征,发现事件产生阶段具有去中心化特征,而爆发阶段呈现中心化传播特征。在关键节点识别方面,谭雪晗等[9]用社会网络分析探究灾难舆情中关键用户及节点地位对信息传播效率的影响。金镇勇(Jinyoung Kim)[29]通过研究发现媒体来源、公众和意见领袖间的信息是相互作用的,而用户粉丝数量显著预测用户在信息传播中的核心地位。在舆情监测方面,汪靖等[30]用社会网络分析测度分析江苏响水"3·21"爆炸事故的舆情传播网络并提出建议。

然而少有研究用社会网络分析探究不同类型数字平台的网络结构特征以及用户的信息参与行为。此前杨奕等[31]针对中美贸易争端,用社会网络分析比较国内和国外两社交媒体平台Twitter和新浪微博的用户数据,分析两平台关键影响者的差异。但不同类型的数字平台,如社交媒体平台和社会化问答平台各有特点,其在危机信息传播中具有不同的结构特征。

二、研究方法

1. 案例选取

2021年7月,H省遭遇历史罕见的暴雨天气,多地出现洪涝灾害。据舆情分析平台"知微事见"数据,此次灾害引发舆论的高度关注,7月20日舆情爆发,热度持续走高,直至8月5日关注度逐渐消减,其影响力指数高于100%。而数字平台上关于此案例的信息传播结构特征,也是政府机构、媒体和公众在面临危机时的缩影。据新浪微博数据中心[32]统计,微博是我国最大的社交媒体平台,拥有2.24亿日活用户。知乎是国内最重要的社会化问答平台,其用户超过两亿[33]。因此,本研究以H省暴雨灾害事件为研究对象,选取新浪微博及知乎作为数据分析平台,通过网络结构特征分析,探索多主体的角色和作用,为未来应对危机、完善社会治理提供参考。

2. 数据采集与处理

本文在新浪微博和知乎平台搜索关键词"H省暴雨"和"H省洪灾",以随机抽样的方法,从2021年7月21日—8月5日间转发量最高的50个原创微博及综合排名最高的问题下的原创回答中,选取"央视新闻""新华网""H省卫视"等8个用户为本研究所选新浪微博平台初始节点,"喵教授""中国网"等8个用户作为本研究知乎平台初始节点。

初始节点确定后,运用滚雪球式随机抽样方法,将微博转发行为和知乎评论行为视为节点间信息交互而建立的关系。分别从8个初始节点用户发表的关于此事件的微博转发和知乎评论中抽取 5 个用户作为第二批样本，再从每个第二批样本的转发和评论中抽取 4 个作为第三批样本。最终新浪微博平台共得到 201 个样本节点，知乎平台由于部分节点存在缺失值，共得到 193 个样本节点。

本研究采用二值有向网络拓扑图，通过邻接关系矩阵来表达关系网络，例如，节点 A 转发或评论节点 B，则 A 与 B 的关联记为 1，并产生一条由节点 A 指向节点 B 的边；相反则两节点的关联记为 0，不产生连边。按照社会网络分析规则，最终构建 201×201 和 193×193 的行动者互动关系二值矩阵模型，随后将关系数据导入 UCINET 软件中进行可视化，生成 H 省暴雨事件舆情传播网络的社群图，如图 1 和图 2 所示，下文全面测度分析两平台网络结构特征和用户信息参与行为。

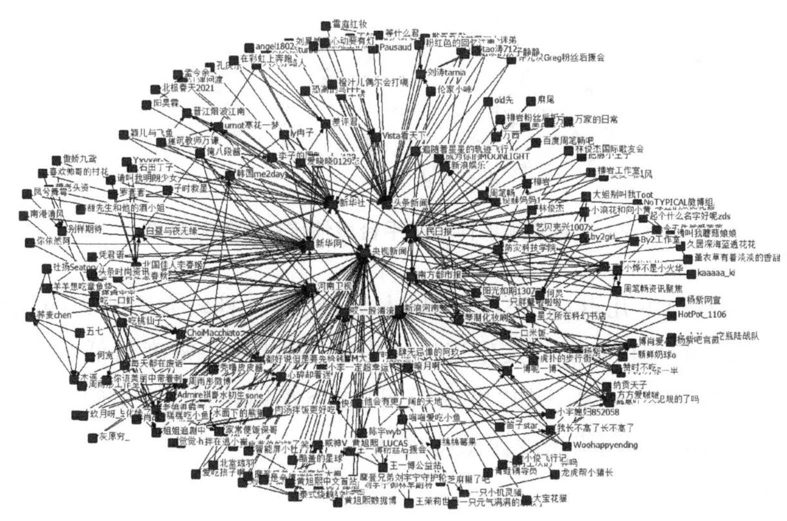

图 1　H 省暴雨事件新浪微博平台舆情传播网络社群图

三、研究结果分析

1. 网络整体结构分析

网络密度（density）是分析网络整体结构的重要指标，指社会网络中节点之间实际连接的数目与它们之间可能存在的最大的连接数目的比值，在二值网络图中，网络密度取值介于 0 和 1 之间，越接近 1 表示节点之间的紧密程度越高[34]。

通过测度，微博舆情传播网络的节点连线数量为 495 条，网络密度值为 0.012 3。知乎舆情传播网络的节点连线数量为 388 条，网络密度值为 0.010 7。根据布鲁斯 · H. 梅休（Bruce H. Mayhew）与罗杰 · L. 利文格（Roger L. Levinger）[35]研究结论，在现实的社会网络整体图中能发现的最大密度值为 0.5。这说明在 H 省暴雨事件中，选取的微博和知乎行动者网络整体紧密程度较低，关系稀疏，互动次数偏少，信息传播能力较弱。相比来看，微博网络密度值略高于知乎，但两者均较低。

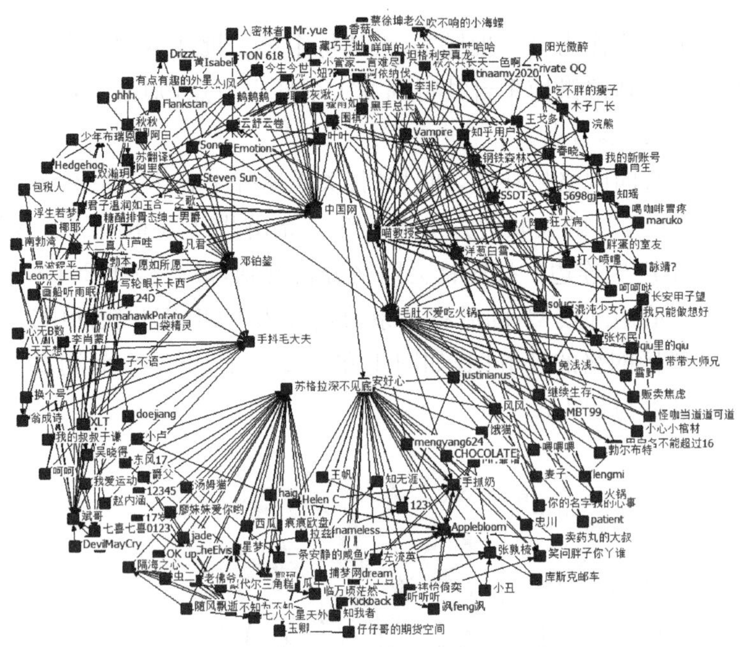

图 2　H 省暴雨事件知乎平台舆情传播网络社群图

究其原因可能有以下几点：首先，微博样本数量较大，具较大影响力的用户少，且边缘节点的弱互动行为会致使信息流动发生流失或中断，因此网络密度值低；其次，由于知乎平台社交属性弱于微博平台，既缺乏如“央视新闻”这类媒体核心节点的大众传播，又缺乏普通用户间的人际传播，因此网络密度比微博更低。

2. 网络中心度分析

网络中心度是一种量化行动者在网络中的权力的指标。关键影响者占据中心位置，代表了高社会地位、权力和更强的群体影响力。中心性位置的衡量指标包括点度中心度、中间中心度和接近中心度。

1) 点度中心度分析

点度中心度(point centrality)指与行动者直接相连的节点的个数及其标准化形式，一个行动者与其他行动者的联系越多则越重要，是衡量行动者在网络中的权力或影响力的直接指标[34]。通过 UCINET 软件测度得出 H 省暴雨事件的舆情网络点度中心度，部分节点如表 1 和表 2 所示。

表 1　H 省暴雨事件新浪微博平台舆情网络点度中心度部分测量结果

	节点	1 绝对中心度	2 标准中心度	3 占比
7	央视新闻	54.000	9.000	0.055
6	《人民日报》	43.000	7.167	0.043
1	新浪 H 省	35.000	5.833	0.035

（续表）

	节点	1 绝对中心度	2 标准中心度	3 占比
8	头条新闻	30.000	5.000	0.030
32	H省卫视	30.000	5.000	0.030
44	新华社	29.000	4.833	0.029
175	新华网	27.000	4.500	0.027
84	《南方都市报》	26.000	4.333	0.026
12	时孝- nIA	13.000	2.167	0.013
4	哎一股清流	12.000	2.000	0.012
83	ChoiMacchiato	11.000	1.833	0.011

表 2　H 省暴雨事件知乎平台舆情网络点度中心度部分测量结果

	节点	1 绝对中心度	2 标准中心度	3 占比
87	安好心	36.000	6.316	0.045
30	毛肚不爱吃火锅	35.000	6.140	0.044
118	苏格拉深不见底	30.000	5.263	0.037
1	喵教授	29.000	5.088	0.036
63	中国网	24.000	4.211	0.030
159	邓铂鋆	18.000	3.158	0.022
178	斌哥	13.000	2.281	0.016
146	手抖毛大夫	12.000	2.105	0.015
121	七八个星天外	12.000	2.105	0.015
18	围棋小江	9.000	1.579	0.011
135	隔海之心	9.000	1.579	0.011

新浪微博中，如表 1 所示，“央视新闻”“《人民日报》”“新浪 H 省”“头条新闻”“H 省卫视”等 8 个媒体机构的点度中心度较高，分别为 54.000、43.000、35.000、30.000、30.000 等，这说明媒体机构在此次危机信息传播中具有很强的传播力，是传播网络中的重要意见领袖。值得注意的是，虽然与上述节点相比，“时孝- nIA”“哎一股清流”“Choimacchiato”等娱乐博主和粉丝大咖的点度中心度略小，但其影响力不容忽视。可见除媒体机构外，粉丝群体的意见领袖和特定领域博主也能助力信息传播。

在知乎平台，如表 2 所示，“安好心”“毛肚不爱吃火锅”“苏格拉深不见底”“喵教授”“中国网”的点度中心度分别为36.000、35.000、30.000、29.000、24.000,具有较高的点度中心度,信息传播能力较强。其中“中国网”为中国互联网新闻中心官方账号,粉丝数逾50万;“安好心”和“喵教授”为知乎知名答主,粉丝超过10万,在平台上较为活跃;而“毛肚不爱吃火锅”和“苏格拉深不见底”仅为普通用户。两平台相比可见,知乎普通用户影响力更强,意见领袖多是来自民间的知乎活跃用户,而非媒体机构。

2)中间中心度分析

中间中心度(betweenness centrality)是衡量行动者对信息资源的控制程度的指标,通过某个节点的线段越多,则该节点的中间中心度越高[34]。该点起到了“桥”的作用,扮演传递者的角色。通过UCINET软件测度该事件网络的中间中心度,部分节点如表3和表4所示。

表3 H省暴雨事件新浪微博平台舆情网络中间中心度部分测量结果

	节点	1 中间中心度	2 相对中间中心度
32	H省卫视	469.333	1.179
175	新华网	458.333	1.152
4	哎一股清流	156.750	0.394
5	M大王叫我来巡山	146.833	0.369
2	快乐追星十级学渣	131.500	0.330
12	时孝-nlA	106.583	0.268
84	南方都市报	76.833	0.193
18	新浪娱乐	69.000	0.173
14	都好说但是要先给钱	67.000	0.168
165	北国佳人李春姬	56.000	0.141

表4 H省暴雨事件知乎平台舆情网络中间中心度部分测量结果

	节点	1 中间中心度	2 相对中间中心度
1	喵教授	3248.000	17.714
30	毛肚不爱吃火锅	2541.000	13.858
88	安好心	2418.000	13.187
24	哇哈哈	2040.000	11.126
18	围棋小江	1984.000	10.820
120	苏格拉深不见底	351.000	1.914
64	中国网	253.000	1.380

（续表）

	节点	1 中间中心度	2 相对中间中心度
161	邓铂鋆	153.000	0.834
180	斌哥	78.000	0.425
148	手抖毛大夫	66.000	0.360
2	钢铁森林	0.000	0.000
8	胖蛋的室友	0.000	0.000
11	呵呵哒	0.000	0.000
7	肖生	0.000	0.000
14	木子厂长	0.000	0.000

根据表 3 可知，新浪微博平台中，“H 省卫视”“新华网”的中间中心度远大于其他节点，影响力强。其后是“哎一股清流”“M 大王叫我来巡山”“快乐追星十级学渣”“时孝- nIA”“《南方都市报》”“新浪娱乐”等网络节点，这些节点对信息的控制能力较强，承担节点间信息沟通的作用。这些用户包括官方媒体和特定领域微博大 V，说明不只是媒体机构，具有一定粉丝基础的个体用户也对信息具有强控制度，可引导舆情发展方向。此外，在 208 个节点中有 166 个中间中心度为 0，占 82.6%，表明大部分的普通用户处在边缘位置，与他人联系少，无法影响其他行动者。

根据表 4 可知，在知乎平台，“喵教授”“毛肚不爱吃火锅”“安好心”“哇哈哈”等节点中间中心度较高，在信息传播中起着中介作用。这些用户既有粉丝数目众多的活跃用户，也有普通用户，这说明知乎平台上信息的扩散往往与问答内容相关，并非“唯权威论”，普通用户也能对信息传播产生影响。中间中心度为 0 的用户占 94.8%，高于微博平台，说明边缘用户更多。

3）接近中心度分析

接近中心度(closeness centrality)指网络节点不受其他节点支配的程度[34]。在有向网络图中，接近中心度(入度)代表该节点信息被转载传播程度，接近中心度(出度)代表该节点转载传播信息程度。通过 UCINET 软件测度该事件网络的接近中心度，部分节点如表 5 和表 6 所示。

表 5　H 省暴雨事件新浪微博平台舆情网络接近中心度部分测量结果

	节点	1 引用接近中心度	2 被引接近中心度	3 接近中心度(入度)	4 接近中心度(出度)
6	《人民日报》	12 568.000	40 200.000	1.591	0.498
7	央视新闻	17 893.000	40 200.000	1.118	0.498

(续表)

	节点	1 引用接近中心度	2 被引接近中心度	3 接近中心度(入度)	4 接近中心度(出度)
44	新华社	20 548.000	40 200.000	0.973	0.498
8	头条新闻	21 802.000	40 200.000	0.917	0.498
1	新浪 H 省	23 285.000	40 200.000	0.859	0.498
175	新华网	24 889.000	40 000.000	0.804	0.500
32	H 省卫视	28 645.000	37 420.000	0.698	0.534
2	快乐追星十级学渣	28 680.000	37 414.000	0.697	0.535
4	哎一股清流	28 702.000	37 418.000	0.697	0.535
5	M 大王叫我来巡山	28 729.000	37 420.000	0.696	0.534

表 6　H 省暴雨事件知乎平台舆情网络接近中心度部分测量结果

	节点	1 引用接近中心度	2 被引接近中心度	3 接近中心度(入度)	4 接近中心度(出度)
30	毛肚不爱吃火锅	30 020.000	36 290.000	0.633	0.524
87	安好心	30 400.000	36 290.000	0.625	0.524
1	喵教授	30 781.000	36 290.000	0.617	0.524
118	苏格拉深不见底	31 160.000	36 100.000	0.610	0.526
122	郭珂	31 182.000	36 100.000	0.609	0.526
63	中国网	31 920.000	36 290.000	0.595	0.524
159	邓铂鋆	32 870.000	36 290.000	0.578	0.524
178	斌哥	33 820.000	36 290.000	0.562	0.524
146	手抖毛大夫	34 010.000	36 290.000	0.559	0.524
31	张怀民	34 205.000	36 100.000	0.555	0.526

如表 5 可知,在新浪微博平台,“《人民日报》”接近中心度(入度)最小,表明其对其他节点支配程度高,发布信息易传递到其他节点并获得信任,而接近中心度(出度)较大,表明从他处获取信息较难,其他媒体机构也存在类似情况。这主要因为媒体机构多生产原创内容,是危机传播中的核心信源,承担发布信息、沟通交流的作用。此外特定领域大 V 同样有一定信息控制力。

由表 6 可知,在知乎平台,“毛肚不爱吃火锅”接近中心度(入度)最小,其发布信息传递到其他节点较容易。虽然该用户为普通用户,但其关于此事件的回答获赞 2 000 余次,影响力较大。其后的“苏格拉深不见底”“郭珂”等也均为普通用户,可见与微博相比,知乎的普通用户较易于传递信息。

3. 网络位置角色分析

社会网络的核心—边缘性(Core-Periphery)是分析节点位置角色的重要指标，指行动者互相关联而组成的核心结构紧密、边缘结构松散的一种网络结构，通过该指标可以确定核心和边缘节点[34]。通过 UCINET 软件对该事件的传播网络进行核心—边缘分析，结果如图 3 和图 4 所示。

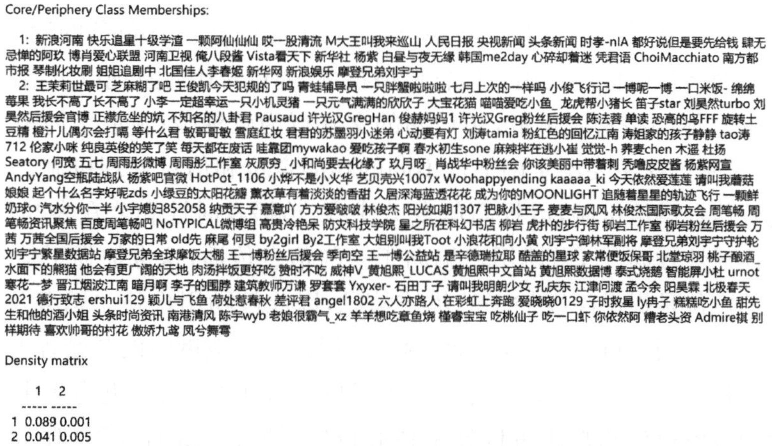

Core/Periphery Class Memberships:

1: 新浪河南 快乐追星十级学渣 一颗阿仙仙仙 哎一股清流 M大王叫我来巡山 人民日报 央视新闻 头条新闻 时孝-nIA 都好说但是要先给钱 肆无忌惮的阿玖 博肖爱心联盟 河南卫视 俺八段酱 Vista看天下 新华社 杨紫 白昼与夜无缘 韩国me2day 心碎却着迷 凭君语 ChoiMacchiato 南方都市报 琴制化妆刷 姐姐追剧中 北国佳人李春姬 新华网 新浪娱乐 摩登兄弟刘宇宁

2: 王茉莉世最可 芝麻糊了吧 王俊凯今天犯规的了吗 青蛙辅导员 一只胖蟹啦啦啦 七月上次的一样吗 小俊飞行记 一博呢一博 一口米饭- 绵绵莓果 我长不高了长不高了 小李一定超幸运一只小机灵猪 一只元气满满的欣欣子 大宝花猫 喵喵爱吃小鱼_ 龙虎帮小猪长 笛子star 刘昊然turbo 刘昊然后援会官博 正襟危坐的炕 不知名的八卦君 Pausaud 许光汉GregHan 俊赫妈妈1 许光汉Greg粉丝后援会 陈法蓉 单读 恐高的鸟FFF 旋转土豆精 橙汁儿偶尔会打嗝 等什么君 敏哥哥敏 雪庭红妆 君君的苏墨羽小迷弟 心动要有灯 刘涛tamia 粉红色的回忆江南 涛姐家的孩子静静 tao涛712 伦家小咪 纯良英俊的笑了笑 每天都在废话 哇靠团mywakao 爱吃孩子啊 春水初生sone 麻辣拌在逃小崔 觉觉-h 荞麦chen 木遥 杜扬Seatory 何宽 五七 周雨彤微博 周雨彤工作室 灰原穷_ 小和尚要去化缘了 玖月呀_ 肖战华中粉丝会 你该美丽中带着刺 秃噜皮皮酱 杨紫网宣AndyYang空瓶陆战队 杨紫吧官微 HotPot_1106 小烨不是小火华 艺贝壳兴1007x Woohappyending kaaaaa_ki 今天依然爱莲莲 请叫我蘑菇娘娘 起个什么名字好呢zds 小绿豆的太阳花瓣 薰衣草有着淡淡的香甜 久居深海蓝透花花 成为你的MOONLIGHT 追随着星星的轨迹飞行 一颗鲜奶球o 汽水分你一半 小宇媳妇852058 纳贡天子 嘉意吖 方方爱啵啵 林俊杰 阳光如期1307 把脉小王子 麦麦与风风 林俊杰国际歌友会 周笔畅 周笔畅资讯聚焦 百度周笔畅吧 NoTYPICAL微博组 高贵冷艳呆 防灾科技学院 星之所在科幻书店 柳岩 虎扑的步行街 柳岩工作室 柳岩粉丝后援会 万茜 万茜全国后援会 万家的日常 old先 麻尾 何炅 by2girl By2工作室 大姐别叫我Toot 小浪花和向小黄 刘宇宁御林军副将 摩登兄弟刘宇宁守护轮刘宇宁繁星数据站 摩登兄弟全球摩饭大棚 王一博粉丝后援会 季向空 王一博公益站 是辛德瑞拉耶 酷盖的星球 家常便饭保哥 北堂琼羽 桃子酿酒_水面下的熊猫 他会有更广阔的天地 肉汤拌饭更好吃 赞时不吃 威神V_黄旭熙_LUCAS 黄旭熙中文首站 黄旭熙数据博 泰式烧鹅 智能屏小杜 urnot 寒花一梦 晋江烟波江南 暗月啊 李子的围脖 建筑教师万谦 罗賽賽 Yxyxer- 石田丁子 请叫我明朗少女 孔庆东 江津问渡 孟今余 阳昊霖 北极春天2021 德行致志 ershui129 颖儿与飞鱼 荷处惹春秋 差评君 angel1802 六人亦路人 在彩虹上奔跑 爱晓晓0129 子时救星 ly冉子 糕糕吃小鱼 甜先生和他的酒小姐 头条时尚资讯 南港清风 陈宇wyb 老娘很霸气_xz 羊羊想吃章鱼烧 懂睿宝宝 吃桃仙子 吃一口虾 你依然阿 糟老头资 Admire棋 别样期待 喜欢帅哥的村花 傲娇九鸢 凤兮舞雩

Density matrix

	1	2
1	0.089	0.001
2	0.041	0.005

图 3　H 省暴雨事件新浪微博平台舆情播网络核心—边缘分析结果

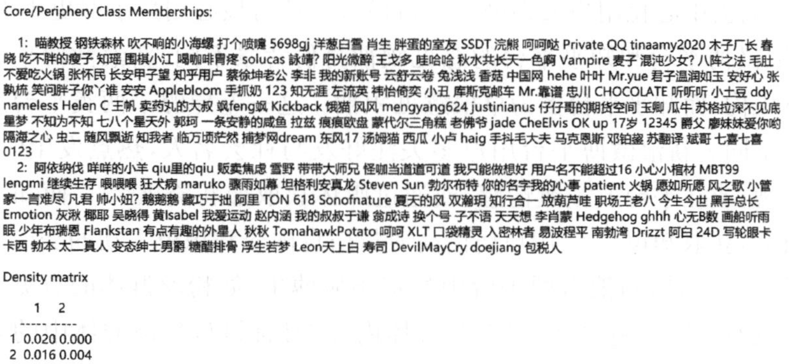

Core/Periphery Class Memberships:

1: 喵教授 钢铁森林 吹不响的小海螺 打个喷嚏 5698gj 洋葱白雪 肖生 胖蛋的室友 SSDT 浣熊 呵呵哒 Private QQ tinaamy2020 木子厂长 春晓 吃不胖的瘦子 知瑶 围棋小江 喝咖啡胃疼 solucas 詠靖? 阳光微醉 王戈多 哇哈哈 秋水共长天一色啊 Vampire 麦子 混沌少女? 八阵之法 毛肚不爱吃火锅 张怀民 长安甲子望 知乎用户 蔡徐坤老公 李非 我的新账号 云舒云卷 兔浅浅 香菇 中国网 hehe 叶叶 Mr.yue 君子温润如玉 安好心 张孰梳 笑问胖子你丫谁 安安 Applebloom 手抓奶 123 知无涯 左流英 祎怡倚奕 小丑 库斯克邮车 Mr.靠谱 忠川 CHOCOLATE 听听听 小土豆 ddy nameless Helen C 王帆 卖药丸的大叔 飒feng飒 Kickback 饿猫 风风 mengyang624 justinianus 仔仔哥的期货空间 玉卿 瓜牛 苏格拉深不见底星梦 不知为不知 七八个星天外 郭珂 一条安静的咸鱼 拉兹 痕痕欧盘 蒙代尔三角糕 老佛爷 jade CheElvis OK up 17岁 12345 爵父 廖妹妹爱你哟 隔海之心 虫二 随风飘逝 知我者 临万顷茫然 捕梦网dream 东风17 汤姆猫 西瓜 小卢 haig 手抖毛大夫 马克恩斯 邓铂鋆 苏翻译 斌哥 七喜七喜0123

2: 阿依纳伐 咩咩的小羊 qiu里的qiu 贩卖焦虑 雪野 带带大师兄 怪咖当道道可道 我只能做想好 用户名不能超过16 小心小棺材 MBT99 lengmi 继续生存 喂喂喂 狂犬病 maruko 骤雨如幕 坦格利安真龙 Steven Sun 勃尔布特 你的名字我的心事 patient 火锅 愿如所愿 风之歌 小管家一言难尽 凡君 帅小妞? 鹅鹅鹅 藏巧于拙 阿里 TON 618 Sonofnature 夏天的风 双瀚玥 知行合一 放葫芦哇 职场王老八 今生今世 黑手总长 Emotion 灰湫 椰耶 吴晓得 黄Isabel 我爱运动 赵内涵 我的叔叔于谦 翁成诗 换个号 子不语 天天想 李肖蒙 Hedgehog ghhh 心无B数 画船听雨眠 少年布瑞恩 Flankstan 有点有趣的外星人 秋秋 TomahawkPotato 呵呵 XLT 口袋精灵 入密林者 易波程平 南勃湾 Drizzt 阿白 24D 写轮眼卡卡西 勃本 太二真人 变态绅士男爵 糖醋排骨 浮生若梦 Leon天上白 寿司 DevilMayCry doejiang 包税人

Density matrix

	1	2
1	0.020	0.000
2	0.016	0.004

图 4　H 省暴雨事件知乎平台舆情播网络核心—边缘分析结果

图 3、图 4 中，1 表示核心行动者，2 表示边缘行动者。在新浪微博中，1 核心行动者以媒体、明星和特定领域微博大 V 为主，共 29 个。核心行动者子群内联系相对紧密，互动较多，对舆论引导作用较强，密度值达 0.089。边缘行动者与核心行动者有建立关联的倾向，但关联不亲密，密度值为 0.041，而边缘行动者子群内部建立联系的意愿最低，关系稀疏，密度值仅 0.005。

知乎平台中，核心行动者和边缘行动者数量较平均，核心行动者中普通用户较多。通过密度矩阵可以看出，核心行动者之间密度值为 0.020，边缘行动者与核心行动者之间密度值为0.016,而边缘行动者与边缘行动者之间密度值只有0.004。总体来看,知乎平台各子群内部和子群间密度均低于微博,知乎用户关系更为松散灵活,而新浪微博用户之间互动更为频繁。

五、结论与讨论

本文基于新浪微博平台和知乎平台的互动关系网络,运用社会网络分析法对新浪微博和知乎平台进行实证分析。根据对网络整体结构、中心度和位置角色的测度结果,得到新浪微博和知乎的网络结构特征及用户信息传播特点,分析对比后发现以下结论。

两个平台的整体网络密度偏低,用户间的交互行为较稀疏;新浪微博平台相比知乎平台,网络结构更紧密。这主要源于两平台不同的功能定位和信息处理机制。新浪微博平台目标是建立高效信息供给机制,以提高信息关注度、传播及时性和公众参与度[11]。微博平台的关系网络连通性较高[30],微博用户偏向于参与信息传播,这也加强了信息的集聚与扩散。知乎平台的定位是提供深度加工的优质信息,以此鼓励用户独立思考及平等交流[11]。这导致两平台用户使用动机的差异,进而影响互动行为,造成网络的紧密程度不同。

与知乎平台相比,新浪微博平台的核心边缘区分度更高,权力更为集中,呈两极分化。新浪微博平台中政府单位和媒体机构处于核心位置,拥有丰富的资源,对于危机信息的传播具有强控制力,这是绝大部分普通边缘用户难以比拟的。在知乎等半封闭的问答社区中,规模化、体系化的意见领袖子群还没有稳定成型,公共意见尚不成熟,处于转场阶段[36]。此时,内容为王的去中心化用户关系网络运行模式也使得核心用户子群更难以集聚。

此外,新浪微博平台和知乎平台的意见领袖身份背景不同,新浪微博平台具有高影响力的多为媒体机构,而知乎平台多为草根意见领袖。这一差异源于两类平台用户群体的需求和关系圈层不同。新浪微博平台用户多关注好友与社会名人,热点发生时,微博用户往往进行集体围观,或在平台上宣泄情感,或通过媒体获取最新资讯[37]。而知乎平台的用户致力于交流对话,获取知识[38]。用户凭借高质量信息内容和积极主动的交流而非身份地位才能扩大影响力。此外,新浪微博平台中特定领域博主,如粉丝群体的意见领袖、后援会、营销号等同样具有一定影响力,他们掌握群体内部的话语权,且该群体中的其他用户易受其看法影响,因此在应对危机和引导舆论时不可忽视这些意见领袖的作用。值得注意的是,大部分普通用户虽然一般处于边缘位置,但其基数大,易受群体观点裹挟,容易产生群体极化现象。

研究带给危机应对和管理的启示是,在面对危机时,首先应充分发挥媒体机构作为核心行动者的作用。“新华网”等主流媒体在社交媒体平台的关系网络中具有强影响力,掌握丰富的信息资源,因此危机事件发生时,新闻媒体应及时发布准确、有效的信息,引导其他节点转发、评论或关注,减少谣言产生,稳定民众情绪。知乎等社会化问答社区的传播内容更具专业性,其意见领袖来自具有专业知识的普通用户,其回答更易被接受,社会化问答平台的“草根领袖”能够成为应对突发危机事件、促使高品质信息传播的重要力量。

本研究尚存一些局限，首先本研究样本采集采用滚雪球抽样方法，其样本数过小，可能与整体网络特征存在偏差；其次，本研究探究两类数字平台在危机传播中的网络结构特征，但没有具体比较平台在危机中的内容主题和情感趋向，不能全面展现两平台在危机传播中的差异。此外，鉴于本文选取事件案例较少，为提高研究设计的普适性和研究结论的代表性，未来可以选取多个同类事件进行全面分析研究。

参考文献

[1] 史培军，王季薇，张钢锋，等. 透视中国自然灾害区域分异规律与区划研究[J]. 地理研究，2017(08)：1401－1414.

[2] Alidmat O K A, Khader A T, Hassan F H. Two-dimensional cellular automaton model to simulate pedestrian evacuation under fire-spreading conditions [J]. Journal of Information and Communication Technology, 2016, 15(1): 83－105.

[3] 河南水灾舆情分析报告[EB/OL]. [2021－09－23]. https://new.qq.com/rain/a/20210809A—0AHKF00.

[4] Jin X. Exploring crisis communication and information dissemination on social media: Social network analysis of Hurricane Irma tweets [J]. Journal of International Crisis and Risk Communication Research, 2020, 3(2): 179－210.

[5] Sadri A M, Hasan S, Ukkusuri S V, et al. Understanding information spreading in social media during Hurricane Sandy: User activity and network properties [R/OL]. [2022－03－12]. https://arxiv.org/pdf/1706.03019.pdf.

[6] 张宁，李华，李培植，沈洪洲，等. 突发公共卫生事件中的互联网公众反应——以知乎平台新冠肺炎相关话题为例[J]. 现代情报，2021(02)：78－88.

[7] Uddin M Y S, Amin M T A, Le H, et al. On diversifying source selection in social sensing [C]//2012 Ninth International Conference on Networked Sensing (INSS), 2012: 1－8.

[8] Jin Y, van der Meer T G L A, Lee Y-I, et al. The effects of corrective communication and employee backup on the effectiveness of fighting crisis misinformation [J]. Public relations review, 2020, 46(3): 101910.

[9] 谭雪晗，涂艳，马哲坤. 基于 SNA 的事故灾难舆情关键用户识别及治理[J]. 情报学报，2017(03)：297－306.

[10] Hjorth L, Kim K-h Y. The mourning after: A case study of social media in the 3.11 earthquake disaster in Japan [J]. Television & New Media, 2011, 12(6): 552－559.

[11] 邓理. 平台结构如何塑造网络理性：一个分析框架——以新浪微博和知乎为例[J]. 甘肃行政学院学报，2018(02)：78－88＋127.

[12] Reynolds B, SEEGER M W. Crisis and emergency risk communication as an integrative model [J]. Journal of health communication, 2005, 10(1): 43－55.

[13] Sutton J N, Palen L, Shklovski I. Backchannels on the front lines: Emergent uses of social media in the 2007 Southern California Wildfires [C]//Fiedrich F, Van de Walle. Proceedings of the 5th International ISCRAM Conference. Washinton DC, USA, May 2008.

[14] Reuter C, Stieglitz S, Imran M. Social media in conflicts and crises [J]. Behaviour & Information Technology, 2020, 39(3): 241－251.

[15] Coombs W T. Crisis communication [J/OL]. The international encyclopedia of communication

(2009-11-23)[2021-07-23]. https://doi. org/10. 1002/9781405186407. wbiecc156.

[16] Jin Y, Liu B F. The blog-mediated crisis communication model: Recommendations for responding to influential external blogs [J]. Journal of Public Relations Research, 2010,22(4): 429-455.

[17] Gaspar R, Gorjão S, Seibt B, et al. Tweeting during food crises: A psychosocial analysis of threat coping expressions in Spain, during the 2011 European EHEC outbreak [J]. International journal of human-computer studies, 2014,72(2):239-254.

[18] Liu B F, Austin L, Jin Y. How publics respond to crisis communication strategies: The interplay of information form and source [J]. Public relations review, 2011,37(4):345-353.

[19] du Plessis C. Social media crisis communication: Enhancing a discourse of renewal through dialogic content [J]. Public relations review, 2018,44(5):829-838.

[20] Jiang H, Luo Y, Kulemeka O. Social media engagement as an evaluation barometer: Insights from communication executives [J]. Public relations review, 2016,42(4):679-691.

[21] 牛春华,沙勇忠."知乎"应急管理相关话题论证模式分析[J]. 情报资料工作,2014(06):12-16.

[22] 刘雨农,刘敏榕. 社会化问答平台的社区网络形态与意见领袖特征——以知乎网为例[J]. 情报资料工作,2017(02):106-112.

[23] Jin J, Li Y, Zhong X, et al. Why users contribute knowledge to online communities: An empirical study of an online social Q&A community [J]. Information & management, 2015,52(7):840-849.

[24] 蔡骐,陈月. 基于社会网的知乎网意见领袖研究[J]. 湖南师范大学社会科学学报,2018(05):128-138.

[25] 安璐,欧孟花. 突发公共卫生事件利益相关者的社会网络情感图谱研究[J]. 图书情报工作,2017(20):120-130.

[26] George J, Gautham D, Kesarwani V, et al. What Does the Public Want to Know About The COVID-19 Pandemic? A Systematic Analysis of Questions Asked in The Internet [J/OL]. medRxiv. (2020-09-18)[2021-04-23]. https://doi. org/10. 1101/2020. 09. 15. 20192039.

[27] Akhtar N, Javed H, Sengar G. Analysis of Facebook social network [C]//Paper presented at the 2013 5th International Conference and Computational Intelligence and Communication Networks, 2013:451-454.

[28] 成俊会,张思,吉清凯. 基于 SNA 的社会热点事件微博舆情阶段性传播网络的结构分析——以"于欢案"为例[J]. 管理评论,2019(03):295-304.

[29] Kim J. How Did the Information Flow in the # Alpha Go Hashtag Network? A Social Network Analysis of the Large-Scale Information Network on Twitter [J]. Cyberpsychology, Behavior, and Social Networking, 2017,20(12):746-752.

[30] 汪婧,陈发培. 基于 SNA 的突发事件舆情传播网络的结构特征分析——以江苏响水"3·21"爆炸事故为例[J]. 电子科技大学学报(社科版),2021(01):10-18.

[31] 杨奕,张毅. 复杂公共议题下社交媒体主题演化趋势与社会网络分析——以中美贸易争端为案例的比较研究[J]. 现代情报 2021(03):94-109.

[32] 新浪微博数据中心. 2020 年微博用户发展报告[EB/OL]. (2021-03-12)[2022-03-24]. https://data. weibo. com/report/reportDetail? id=456.

[33] 赵蓉英,常茹茹,陈湛,等. 基于知乎平台的突发公共卫生事件主题演化研究[J]. 信息资源管理学报,2021(02):52-59.

[34] 赵丽娟. 社会网络分析的基本理论方法及其在情报学中的应用[J]. 图书馆学研究，2011(20)：9-12.

[35] Mayhew B H，Levinger R L. Size and the Density of Interaction in Human Aggregates [J]. American Journal of Sociology，1976，82(1)：86-110.

[36] 曹洵，张志安. 社交媒体意见群体的特征、变化和影响力研究[J]. 新闻界，2017(07)，24-30.

[37] 靖鸣，杨帆. 知乎雾霾话题演化特点及规律——兼论知乎和微博相同话题的呈现差异[J]. 青年记者，2016(36)：41-43.

[38] 王秀丽. 网络社区意见领袖影响机制研究——以社会化问答社区“知乎”为例. 国际新闻界，2014(09)：47-57.